H5移动营销

活动策划+设计制作+运营推广+应用案例

（第2版）

刘 伟◎编著

清华大学出版社

北京

内 容 简 介

本书共分12章，通过"两条线"来帮助读者快速成为H5营销和运营高手。第一条是技巧学习线，对H5的学习入门、引流活动、营销活动、制作工具、设计流程、开发技术、视觉风格、内容设计、运营技巧、营销推广、广告和场景案例等进行了详细的叙述，让学习者一本在手精通H5的设计制作与营销推广。第二条是案例实战线，本书通过160多个案例，对新媒体、汽车、电商、餐饮、互联网、App、游戏、房地产、音乐、数码电子等多个经典案例进行了解读，提供"一站式"营销解决方案。

本书结构清晰、语言简洁，适合所有H5设计的学习者，特别是H5初级设计人员、H5网站设计的学习者、对H5移动营销感兴趣的普通用户、传统纸媒体设计师以及新媒体广告美工等人员，同时也可以作为培训中心、中职中专、高职高专等院校的辅导教材。

图书在版编目(CIP)数据

H5移动营销：活动策划+设计制作+运营推广+应用案例/刘伟编著. —2版. —北京：清华大学出版社，2023.6

ISBN 978-7-302-63447-8

Ⅰ.①H⋯　Ⅱ.①刘⋯　Ⅲ.①网络营销　Ⅳ.①F713.365.2

中国国家版本馆CIP数据核字(2023)第076302号

责任编辑：张　瑜
封面设计：杨玉兰
责任校对：么丽娟
责任印制：刘海龙

出版发行：清华大学出版社

网　　　址：http://www.tup.com.cn, http://www.wqbook.com

地　　　址：北京清华大学学研大厦A座　　　　　邮　　编：100084

社 总 机：010-83470000　　　　　　　　　　邮　　购：010-62786544

投稿与读者服务：010-62776969, c-service@tup.tsinghua.edu.cn

质量反馈：010-62772015, zhiliang@tup.tsinghua.edu.cn

印 装 者：小森印刷霸州有限公司

经　　销：全国新华书店

开　　本：170mm×240mm　　　印　　张：16.25　　　字　　数：258千字

版　　次：2019年1月第1版　　2023年6月第2版　　印　　次：2023年6月第1次印刷

定　　价：69.80元

产品编号：093340-01

前言

如今，移动互联网的发展已经远远超出了人们的想象，移动设备越来越普及，人们越来越离不开智能手机，而基于移动互联网和智能手机的 H5 也被广泛运用到各个营销领域。

H5 是超文本语言 HTML 的第五次修订，是 Web 标准的巨大飞跃。近年来，H5 发展得如火如荼，各类手机端小游戏、运营以及广告等，纷纷采用 H5 的形式进行产品和品牌传播。

微信的火爆促进微信营销的崛起，H5 成了微信营销体验最好的推广模式。在微信公众号和朋友圈中，随处可见各种 H5 页面，如结婚请柬、招聘信息、公司宣传、产品推广、吸粉活动和营销活动等，H5 犹如一匹黑马在各种社交平台上传播开来，并形成燎原之势。

从 2014 年萌芽到 2021 年爆发，从"H5 是什么"到"什么都要做个 H5"。H5 多设备和跨平台的特点非常有利于信息的传播，它仿佛成了长在微信朋友圈里的"庄稼"，一茬又一茬儿地收割流量红利。

一个好的 H5 营销活动，无论是在立意、创意、设计的层面，还是在制作和传播层面，都需要协同一致，技术的把握、创意与文案的优化、传播的执行都不可或缺。目前，市场上针对系统化的 H5 营销书籍非常少，因此笔者编写了本书，以满足各类人群的使用需求。本书不仅总结了系统的 H5 方法论，还为读者提供了大量的刷屏级 H5 案例，可以说，你买到的不只是一本书，还是一套会升级的行业宝库。

本书共分 4 篇内容，即活动策划、设计制作、运营推广、应用案例，具体内容如下。

【活动策划】：主要包括快速吸粉、裂变增长以及保持活跃等微信活动，新客进店、顾客留存、现场互动以及分享传播等门店引流活动，以及品牌引流、品牌推广、品牌认同和品牌维护等品牌营销活动，为企业量身定制 H5 营销活动方案。

【设计制作】：主要讲解了 H5 微营销的优势特性、制作工具、开发流程、作品案例以及创意设计等内容，用通俗易懂的方式，阐述 H5 的设计和制作方法，把各种最新技术应用于 H5 营销推广，最大限度地吸引用户关注。

【运营推广】：主要包括打造爆品、优化爆品、运营思维、策划共鸣故事、超级 IP 营销、丰富流量渠道以及专业的 H5 推广技巧等内容，让 H5 的营销推广更有竞争力，为企业带来更多潜在客户，快速提升企业的销售额和品牌影响力。

【应用案例】：主要包括产品推广、品牌宣传、商业场景、生活场景、传统行业以及互联网行业等经典案例，从创意角度和技术角度讨论 H5 案例，让我们一起学习大品牌是怎么成功进行 H5 营销的。

　　本书是一本综合实战型的 H5 教程，除了理论知识的讲解之外，还有各个领域实战案例的讲解。如果你准备在移动营销行业发展，本书一定适合你。一书在手，涵盖 H5 设计和营销技巧，应有尽有。本书具有以下特色和亮点。

- 完整的流程：数十万用户 H5 制作之选，帮助用户利用各种精美模板一键生成 H5，"傻瓜"式操作，收到高大上的效果，让你像制作 PPT 一样制作酷炫的移动展示。
- 热门的创意：顶级创意，随意挑选，起到抛砖引玉的作用，将创意思想更加完美地运用到 H5 页面设计中，让你的 H5 作品更加优秀并更有价值。
- 经典的案例：大量的品牌 H5 营销案例，如腾讯、百度、网易、凯迪拉克、美的以及天猫等案例，让你的品牌有意义。
- 丰富的场景：产品推广、品牌宣传、自媒体吸粉、企业招聘、活动会议、优惠促销、邀请函、微商引流、个人简历以及节日贺卡等，全面满足你的个性化需求。
- 全面的行业：房地产、餐饮、汽车、电子数码、时尚饰品、互联网金融、新零售电商、网络游戏、新媒体平台以及在线教育等，降低企业的移动营销成本，提高营销转化率，开启推广营销新时代。

　　本书同时博采其他同类书籍的特色，通过系统而翔实的讲述，为读者提供真实的营销帮助，让读者零预算也能做出刷爆朋友圈的 H5 活动，让产品的流量和转化暴涨。

　　本书由刘伟编著，参与编写的人员还有戴朝阳等人，在此表示感谢。由于作者水平有限，书中难免存在疏漏之处，敬请广大读者批评、指正。

编　者

目 录

第 1 章

H5 学习入门：了解 H5 的设计基础

学前提示

　　H5 是一种娱乐化社会营销新模式，它的制作流程非常简单、快捷，却能呈现复杂多变的画面；它可以精准投放，保障传播效果，同时可以随时跟踪反馈营销过程中的各种数据，从营销到再营销，从传播到二次传播，是移动互联网时代不可多得的微营销工具。

要点提示

- H5 七问：全面了解 H5
- H5 五种类型：H5 的分类
- 两大界面：H5 的设计尺寸

1.1　H5 七问：全面了解 H5

移动互联网时代，产生了全新的 H5 信息连接方式，它既可以代替报纸、杂志等传统广告媒体，也可以让用户随意编辑需要的推广内容，做到"所见即所得"。

尤其在当前新媒体营销环境下，H5 的推广只需一个二维码，或者一个网页链接，即可将大量的信息呈现在用户面前，且适合多种用户场景。

1.1.1　H5 的概念

移动互联网具有碎片化、社会化等天然的营销优势，可以帮助企业更好地推广各种品牌活动、产品和服务，增加线上和线下的销量，同时获得大量潜在优质粉丝的关注，这些都是传统营销方式难以实现的。

同时，移动互联网为企业提供了很多营销工具，如应用程序（Application，App）、微信公众号以及新媒体等，但是最方便、快捷的还是 H5。可以说，H5是社会化营销发展的必然产物，如图 1-1 所示。在互联网早期，大家用得最多的社会化营销工具是博客和微博，其主要内容是文字、图片和视频等。移动互联网时代，人们不再满足于单向的信息传递，而是偏重于双方的互动和分享，此时H5 便成了时下社会化营销的标配物料。

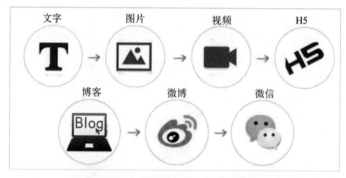

图 1-1　信息交流方式和渠道的改变

专家提醒

网络日志 Web Log(Blog)，是继 E-mail、网络论坛（Bulletin Board System，BBS）和即时通信（Instant Messaging，IM）之后出现的第四种网络交流方式。

接下来，我们来解析一下 H5。"H"是指 HTML，它是"超文本标记语言"（Hyper Text Markup Language）的英文单词缩写。简单来说，就是一种规范，一种标准，以网页的形式呈现在我们面前。图 1-2 所示为一个具有营销功能的淘宝 HTML 网页。"5"是指"第 5 代"，HTML 的发展历程如图 1-3 所示。

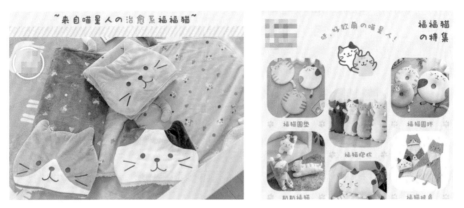

图 1-2　淘宝 HTML 网页

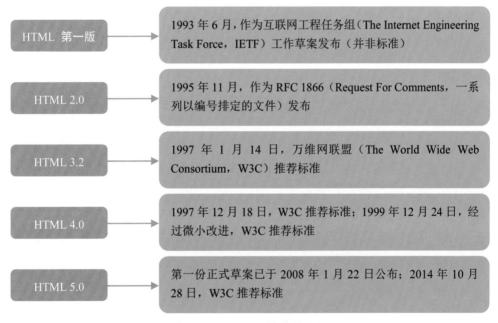

HTML 第一版	1993 年 6 月，作为互联网工程任务组（The Internet Engineering Task Force，IETF）工作草案发布（并非标准）
HTML 2.0	1995 年 11 月，作为 RFC 1866（Request For Comments，一系列以编号排定的文件）发布
HTML 3.2	1997 年 1 月 14 日，万维网联盟（The World Wide Web Consortium，W3C）推荐标准
HTML 4.0	1997 年 12 月 18 日，W3C 推荐标准；1999 年 12 月 24 日，经过微小改进，W3C 推荐标准
HTML 5.0	第一份正式草案已于 2008 年 1 月 22 日公布；2014 年 10 月 28 日，W3C 推荐标准

图 1-3　HTML 的发展历程

对于 H5 开发人员来说，图 1-3 所示的 HTML 发展历程都是必修课。HTML 技术从 1991 年开始研究，直到 1993 年才正式推出。此后，HTML 技术经历了数次更新换代，其中出现了两种比较优秀的方案，那就是由超文本应用程序技术工作组（Web Hypertext Application Technology Working Group

Web，WHATWG）提出的 Web Applications 1.0，以及由 W3C 提出的 XHTML 2.0。最终，这两个大型互联网组织于 2006 年达成合作共识，共同推出全新的 HTML 技术，也就是现在的 H5。

一开始，H5 并没有引起人们过多的关注，开发人员一直默默地对其进行优化升级，这个升级周期，差不多花了 8 年的时间，W3C 才宣布 HTML5 标准规范制定完成，并向全球开放。

1.1.2 H5 营销的概念

H5 是伴随着移动互联网兴起的一种新型营销工具，由于它是移动互联网的附属物，具有很多移动互联网的营销优势，如娱乐化、碎片化、社会化以及互动性强等。如今，H5 已经成为各行各业必不可少的营销工具，可以帮助企业更好地吸粉引流、销售产品。

当然，移动互联网技术的发展、智能手机的普及以及社交网络的发展等，都是推动 H5 迅速发展的因素。

同时，很多互联网企业看到了 H5 的商机，在设计制作 H5 页面的过程中加入了营销功能，这也让 H5 同 App 一起，成为炙手可热的移动互联网营销工具。

1.1.3 H5 营销的特点

H5 的主要功能包括语义、离线与存储、设备访问、连接、多媒体、3D 与图形以及 CSS3 等，用于网页端与移动端的连接，让用户在互联网上轻松体验各种类似桌面的应用。

H5 营销最主要的特点就是跨平台性和本地存储特性，如表 1-1 所示。

表 1-1 H5 营销的特点

营销特点	具体分析	优势分析
跨平台性	H5 技术制作的页面或者应用可以轻松兼容各种终端和设备，如 PC 端与移动端、Windows 与 Linux、Android 与 iOS 等	H5 具有非常强大的兼容性，可以降低开发与运营成本，为企业与创业者带来更多的发展机遇
本地存储特性	（1）启动时间要远远低于 App； （2）网络速度比 App 更快； （3）由于它只是一个页面，因此也不占据本地内存空间； （4）H5 不依靠第三方浏览器插件，也可以创建出高级图形、版式、动画以及过渡效果； （5）使用的流量比较少	H5 非常适合手机等小容量的智能设备，同时也可以带给用户更好的视听体验

可以说，成熟的 H5 技术，不仅为移动互联网另辟了一种全新的营销方式，也推动了移动互联网的快速发展。在营销方面，我们可以将各种媒体内容融入 H5 页面，包括文字动效、游戏、视频、图表、音乐以及互动调查等内容，而且 H5 可以重点展示品牌，方便用户阅读、体验与分享。

1.1.4　推广 H5 的原因

如今，网络推广方式五花八门，企业很难找到适合自己的方式，推广时往往无人管理，投入成本多，但效果却比较差。尤其是随着移动互联网和智能手机的飞速发展，很多企业都难以赶上其发展步伐，因此在品牌或产品营销时，总觉得难以适应这种新环境，从而产生种种困惑。

1.　投入成本高

传统的营销推广方式，需要较高的成本投入，如派发传单、做平面广告以及团购优惠等，而且客户体验也非常差。图 1-4 所示为传统的团购优惠营销宣传，只能单一地展现商家的优惠信息，商家不但要自降利润来做促销，还要给团购平台一定的服务费，最主要的是和用户基本没有互动，难以吸引他们的关注。

图 1-4　传统的团购优惠营销宣传

2.　无新顾客营销方案

除了成本高外，传统的营销方式还存在"无新顾客营销方案"的缺点，既难以为店铺引流，也难以促进老顾客再次消费，如图 1-5 所示。

3.　无老顾客维护方案

传统营销模式在老顾客维护方面也存在很大的问题，如图 1-6 所示。

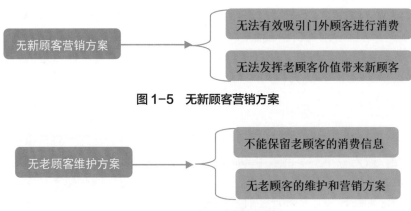

图 1-5　无新顾客营销方案

图 1-6　无老顾客维护方案

4. 信息无法追踪

很多传统营销模式不能全程追踪营销信息，企业既不知道是谁买了自己的产品，也不知道他买了多少产品，这些数据难以被统计和收集，就更别说去刻画用户画像了。

另外，由于缺少专业的营销团队来做优化分析，通常一次营销活动虽然付出了很高的成本，企业却不能通过这次活动总结成功经验，或者吸取其失败教训。

5. 无自有营销平台

传统营销模式难以发挥自己店铺的客户资源优势，建立自主控制的营销平台。也许你的店铺销量可观，每天的客源很多，但是他们具体是怎么进店的？是被你的传单吸引，还是被你的优惠吸引，因为缺少自有营销平台，这些都难以统计。

另外，市场上的各种广告呈现高度饱和的状态，而且各类产品的同质化非常严重，大家对无孔不入的广告已见怪不怪，企业产品很难吸引消费者。

6. 无数据支撑

传统的营销方式几乎没有数据支撑，无法基于消费者的数据分析做出千人千面的个性化营销方案。要知道，现在已经是大数据时代，掌握数据就等于掌握了消费者的喜好，不但可以进行差异化营销，而且可以使营销更加精准。大数据颠覆了传统的企业管理方式与经营发展模式，为企业营销带来新的思维方式。

专家提醒

H5 营销的出现，为企业带来了一个更为多样的互动新形式，成为打破传统营销"瓶颈"的有效工具，可以帮助企业有效解决上面这些难题。

1.1.5　H5 与超媒体的关系

　　"超媒体"是超级媒体的缩写，它不仅具有多媒体的全部特质，如文字、图片、音频、视频以及动画等，而且还具有"非线性"的特质，能够整合各种资源来深入改造这些多媒体，从而形成一个全新的媒体形式，承载更加丰富的内容。

　　如果说多媒体的代表是 PPT，那么，超媒体的代表就是 H5 了。H5 很好地利用了超媒体的非线性特点，增强了用户的视听体验和交互体验，营造了一种身临其境的代入感。例如，"美好生活，美好瞬间"是中国邮政储蓄银行推出的一个品牌宣传 16

　　H5 页面，用户可以清楚地了解到该银行为人们生活带来的多种便利，如图 1-7 所示。

图 1-7　"美好生活，美好瞬间"H5 页面

　　图 1-7 所示的 H5 页面采用手绘动漫的插画场景设计，颜色鲜艳、引人注目，而描绘的内容则是人们丰富多彩的日常生活，从场景设计到人物台词设置都让人觉得十分接地气，只需点击交互按钮即可查看银行提供的服务信息，不同的场景展现不同的服务，并以多种形式展现出来，这就是超媒体的属性特点。

　　简单来说，超媒体的特点包括 4 个方面，如图 1-8 所示。H5 是超媒体表现社会化的开始，结合平面、动画、特效、三维、影视等媒体形式，它们的相加所呈现的效果远远大于它们的总和。

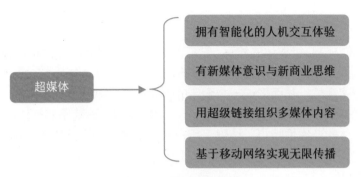

图 1-8　超媒体的特点

1.1.6　H5 场景有利于营销

众所周知，H5 营销是随着移动互联网的发展而产生的营销方式，作为一种新型的移动营销方式，其发展速度极快，短时间内已经成为互联网的一大部分。对企业而言，要想突破传统的营销方式，获得更好的销售业绩，就需要利用 H5 这种新的营销手段开拓市场，抓住机遇。

H5 营销之所以能够快速提升企业的影响力，其根本的特色功能功不可没，主要分为以下 4 个方面，如图 1-9 所示。

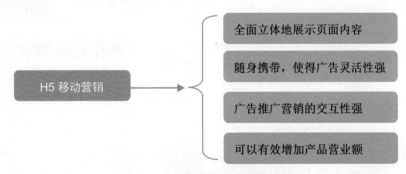

图 1-9　H5 移动营销的特色功能

1.　全面立体展示

H5 的作用是对企业形象进行全面立体的展示，企业的形象主要体现在产品形象、功能形象、组织形象和人员形象这四个方面。产品形象和功能形象是用户最为关注的，也是企业 H5 内容展示的重点。尽管 H5 的界面不大，但是其能够通过多种导航功能或者各种互动链接将内容全面而细致地体现出来。

H5 作为企业对外展示的一个窗口，在实用方面的重要作用就是提升企业的对外形象。一个成功的 H5，都是从多个方面入手来达成一定的目的，其中，就有提升企业形象的作用。

2. 随身携带，灵活性强

H5 的主要载体是智能手机，而智能手机体积往往较小，能够随身携带，也就为用户随时使用 H5 提供了方便。智能手机已经成为大众的普遍工具，并且向更轻、更薄、更智能化的方向发展。用户使用智能手机进行拍照、上网等十分常见，也就为用户随时使用 H5 提供的服务打下基础。

例如，企业在招聘人才时，就可以制作一个精美的企业招聘 H5 模板页面来吸引求职者，如图 1-10 所示。

图 1-10　企业招聘 H5 模板

3. 营销的交互性强

H5 包括多种交互方式，如助力型游戏、节日型游戏、竞技型游戏、测试类游戏以及行业型游戏等，帮助企业更快地吸粉增粉，如图 1-11 所示。

4. 增加产品营业额

H5 营销的根本目的是增加产品营业额，但如果用网站建设的思维来定义 H5，H5 就成了信息展示平台，而不是一个增加产品营业额的途径。

图 1-12 所示为某汽车品牌的 H5 营销页面。它不仅可以全方位地展示产品，让用户对企业产品产生浓厚的兴趣，还可以在页面底端添加相关的店铺或者产品购买链接，让用户可以及时下单支付。

图 1-11　H5 互动游戏

图 1-12　某汽车品牌的 H5 营销页面

专家提醒

　　需要注意的是，对于 H5 营销而言，往往是多种营销方式并存，通过环环相扣的营销互动形式来吸引用户。

与传统的营销方式相比，H5 营销能够更好地激起用户的阅读和分享欲望，甚至有些优秀的 H5 营销可以实现数亿级的曝光量。因此，如今很多企业和商家都争先恐后地进入 H5 营销领域，以实现更高营销利润的目的。

1.1.7　H5 营销的潮流和方向

H5 营销的发展离不开移动互联网的支持，尤其是 5G 技术的发展和移动终端设备影响力的提升，进一步为移动互联网的发展注入了巨大的能量，从而带动 H5 营销的迅速更新与普及。

那么，进行 H5 营销活动时有哪些要点？图 1-13 所示为 H5 营销的潮流和方向。

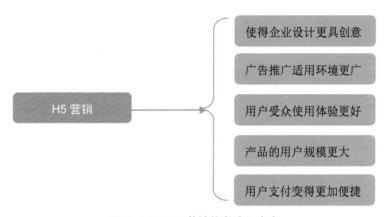

图 1-13　H5 营销的潮流和方向

专家提醒

　　企业开发 H5 的根本目的是利用 H5 进行营销。其主要包括两个方面：一是可以通过 H5 积聚不同类型的网络受众；二是通过 H5 获取大众流量和定向流量。

作为移动互联网时代的标志之一，H5 的影响力不言自明。H5 营销的发展前景十分广阔，尤其随着 H5 的智能化趋势得到进一步的体现，未来大众对 H5 的需求会更大。从企业 H5 的角度出发，H5 营销的要点主要体现在以下 5 个方面。

1. 设计更具创意

随着智能手机功能的越来越强大，H5 应用的数量迅速增加，H5 相互间的竞争也越来越激烈。在这种情况下，设计上的创意就成为 H5 活动获得用户认可的重要途径之一。

对于 H5 营销，只有人们想不到的创意，没有企业做不到的创意。需要注意的是，H5 模板库里有超过 100 万个 H5 页面，但是却没有 100 万个独特的 H5 创意，可见创意并不是凭空想象的。对于企业而言，设计 H5 之初可以通过 5 种方式对 H5 创意进行精准分析，从而进一步将创意体现于 H5 中，具体的内容分析如图 1-14 所示。

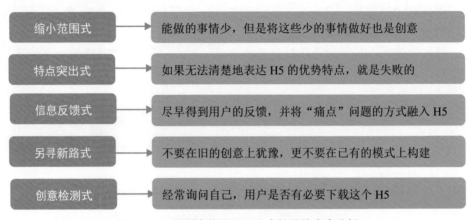

图 1-14 将创意体现于 H5 中的具体内容分析

2. 适用环境更广

垂直化是 H5 营销的一个特色。对于非大型企业而言，为了让企业在激烈的竞争中脱颖而出，找到一个切入口作为 H5 营销的特色，已经是一种主流模式。移动互联网的进步也促使 H5 营销的规模快速扩大，H5 在内容上更为丰富和多元，尤其是对于衣、食、住、行等与大众密切相关的领域而言，内容垂直化趋势已经是有目共睹的。

"是什么在偷走你的睡眠？"是酷狗音乐 App 推出的一个品牌推广 H5 页面，通过 H5 来宣传与大众生活息息相关的音乐与睡眠，如图 1-15 所示。这个 H5 的内容设计非常有创意，全程采用了"图片＋音乐"的表现手法，将那些影响用户睡眠的因素全部展现出来，同时与酷狗音乐 App 相呼应，通过用户的选择进行分析，并为之生成相应的歌单，实现了品牌推广和为产品引流的目的。

专家提醒

　　总之，对于 H5 营销而言，把握 H5 的设计细节，通过垂直化的产品进行重点突破是十分重要的。

图 1-15　"是什么在偷走你的睡眠？"品牌推广 H5 页面

3. 使用体验更好

H5 营销能快速发展，并获得大众的认可，是因为 H5 与传统的互联网产品存在一定的区别。在用户使用的体验方面，H5 有着明显的优势，主要有 3 个方面，分别是使用场景的体验、使用时间的体验及使用效率的体验。

在传统的 PC 端，用户固定地盯着屏幕与使用键盘和鼠标操作，场景较为单一。对于 H5 的用户而言，只要能携带手机，就可以操作 H5，使用几乎没有限制。与 H5 的营销模式相比，传统 PC 端的用户在使用时间上往往是持续一段较长的时间。碎片化是移动互联网的特色，用户可能随时中断现在的手机操作，等某些事情结束后，再继续之前的 H5 操作。

H5 的界面大小取决于智能手机的界面大小，与传统 PC 端相比，其界面较小，但整个界面的利用率很高。通过 H5 本身对相关内容的合理规划和抉择，用户能够获得更为精准的信息，避免出现使用传统 PC 端时信息过多、过杂的情况。

对于用户而言，具体的使用体验还是需要从 H5 的具体功能应用中获得。如果 H5 的功能体验能够迎合用户的需求，刺激用户使用和分享，那么 H5 就有一定的实用价值，从而拥有更多流量。

4. 用户规模更大

H5 的潜力巨大，在于其用户数量庞大，用户规模决定了 H5 的营销价值。目前，H5 营销主要通过微信来传播。在 2021 年 1 月 9 日的"2021 微信公开课 PRO"中，微信事业群总裁表示，每天约有 10.9 亿用户使用微信，微信已经成为生活的一部分。

在传统的 PC 端，一个商业企业网站上的活跃用户数量达到 1 亿是完全不可能的，而 H5 通过极其便利的操作方式吸引用户的使用，从而拥有庞大的用户规模，进而产生了极大的营销潜力。

5. 支付更加便捷

随着智能手机的普及，在线支付方式流行开来，目前已经成为年轻人的主流支付方式。对于用户而言，可以在 H5 页面中使用移动支付，如微信支付、支付宝以及百度钱包等来完成相关款项的支付。

1.2　H5 五种类型：H5 的分类

如今，H5 应用的技术越来越多，H5 的可玩性也越来越强，吸引了不少用户参与、分享相应的内容。火热的 H5 刷爆了"朋友圈"，创意无限、玩法新颖、层出不穷。轻量化的 H5 容易为大众接受，吸引用户眼球，从而形成"病毒式"传播。因此，H5 营销人员需要掌握时下流行的核心技术，为 H5 作品提供更多前沿玩法和创意设计，制作出刷屏级的超级 H5 作品，抢占市场营销高地。

H5 的玩法包括信息展示型 H5、动画交互型 H5、游戏互动型 H5、技术驱动型 H5、场景模拟型 H5 等，下面分别进行介绍。

1.2.1　信息展示型 H5

信息展示型 H5 页面主要展示各种信息，与 PPT 异曲同工。信息展示型 H5 的制作成本低，加载速度快，可以用来进行产品推广或品牌宣传。图 1-16 所示为立白推出的一个七夕节活动宣传的静态信息展示型 H5 页面，以浪漫的粉色作为主色调，展示产品的特性，可以增加火热、浪漫的活动气氛。

对于技术人员来说，制作信息展示型的 H5 页面比较简单，通常先制作好一个个静态的页面，再考虑整个画面的动态切换展示效果。也就是说，每一个页面虽然是静态的，但各种元素的显示效果，以及页与页之间的切换，可以添加一些动态效果，让 H5 看上去简约而不单调。

图 1-16　静态信息展示型 H5 页面

1.2.2　动画交互型 H5

动画交互型 H5 场景应用主要通过各种视频、动画元素来增强画面的交互性，具有传播速度快的特点，而且可以通过分享和邀请好友进行互动，形成"病毒式"的传播，使更多用户了解到活动详情并参与其中。例如，Mugeda 就是一个 H5 交互融媒体内容制作与管理平台，其主要功能和特色如图 1-17 所示。

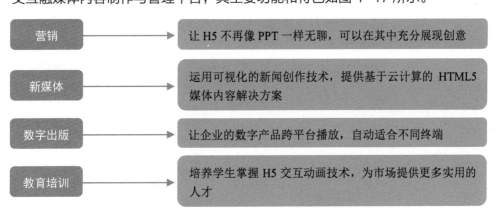

营销	让 H5 不再像 PPT 一样无聊，可以在其中充分展现创意
新媒体	运用可视化的新闻创作技术，提供基于云计算的 HTML5 媒体内容解决方案
数字出版	让企业的数字产品跨平台播放，自动适合不同终端
教育培训	培养学生掌握 H5 交互动画技术，为市场提供更多实用的人才

图 1-17　Mugeda 的主要功能和特色

"闹新春"是 Mugeda 平台的一个动画交互型 H5 页面，如图 1-18 所示，它通过运用动画交互的形式，将图文很好地结合在一起，动画特效非常引人注目，同时，充满祝福的文案内容也很容易赢得用户的好感。

图 1-18　动画交互型 H5 页面

1.2.3　游戏互动型 H5

前文所述的两种 H5 场景虽然都有一些简单的互动性，但其展示作用还是占了大部分。这里要介绍的游戏互动型 H5 场景则具有很强的互动性，支持用户互动参与。

游戏互动型 H5 的场景五花八门，如连连看、大转盘、抓蝴蝶以及捉迷藏等，通过将品牌或产品植入 H5 游戏，让用户自发在社交网络进行转发传播，从而扩大品牌或产品的知名度。游戏互动型 H5 的场景主要有以下 4 个特点，如图 1-19 所示。

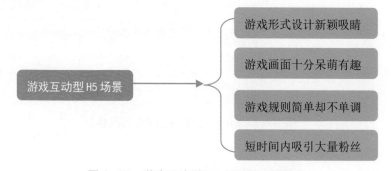

图 1-19　游戏互动型 H5 场景的主要特点

CHOCAPIC® Nutri-Game 是由雀巢推出的一个 H5 品牌宣传小游戏，如图 1-20 所示。用户打开 H5 页面后，可以看到像素风的游戏画面和对产品 chocapic 的介绍，点击 OK 按钮即可开始游戏，通过控制黄色按钮和方向键进行游戏。游戏玩法很简单，复古的游戏机画风十分受用户喜欢。同时，用户在玩游戏的过程中，也增加了对品牌的了解和喜爱。

图 1-20 CHOCAPIC® Nutri-Game H5 游戏

游戏互动型 H5 的特点就是"玩"，一定要和用户多互动，让他们积极参与，并调动用户的积极性。通过游戏化的 H5 活动营销，将品牌元素融入 H5 游戏广告。游戏化营销是时下的潮流，通过 H5 游戏与微信强强联合，可以产生良好的"合作反应"，如图 1-21 所示。

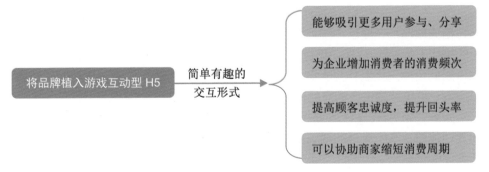

图 1-21 游戏化营销的作用

因此，企业要选择一个好的 H5 游戏制作平台来进行游戏化营销，这样不但省时、省力、省钱，还更加有趣、有效，那么，游戏化营销有何特点？

1. 高参与

游戏化营销主要通过休闲有趣的方式来实现品牌与用户的互动，从而让品牌更好地被用户接受。

2. 易连接

利用 H5 实现互联网游戏化营销，比较鲜明的特点是容易连接，用户通过扫描二维码，或者点击链接即可参与游戏。同时，游戏化营销可以非常方便地与抽奖、优惠券、表单、排行榜以及第三方发奖等多种 H5 营销方式相结合，带来更强的用户黏性。

3. 强分享

游戏化营销具有一定的挑战性，通过显示用户分数和微信排行榜，可以满足用户的自我价值的体现。另外，大部分的 H5 游戏都有奖励机制，可以激发用户主动去传播。

另外，制作完 H5 游戏后，通常会自动生成二维码或活动链接，用户可以将其添加到微信公众号菜单、公众号文章、阅读原文链接等，也可以通过微信群、微信朋友圈、QQ、微博等进行传播推广。

4. 低成本

很多平台都提供了高度灵活的 H5 游戏模板，即使 H5 页面的制作者没有任何技术开发经验，也可以快速套用模板开展一个游戏化营销活动，有效降低开发时间成本与制作成本，如图 1-22 所示。另外，品牌及其促销信息可以软性植入 H5 游戏，用户的接受程度更高，更利于销售转化。

5. 易转化

相关数据统计显示，图片和公众号营销的转化率只有 1%，而 H5 游戏化营销的转化率则高达 17%，远远高于传统的微信营销方式。H5 游戏化营销易于转化，因此企业只要制作好一款 H5 游戏，其边际成本就会越来越低。边际成本，是指每一单位新增生产的产品带来的总成本的增量。

另外，将 AR、VR 等新技能与 H5 相结合，可以给用户带来一种全新的移动营销体验，产生极强的现场体验感，让用户完全沉浸在 H5 的虚拟世界中，具有满满的创意感。

图 1-22　丰富的商业性游戏模板

1.2.4　技术驱动型 H5

技术驱动型 H5 场景应用主要将各种炫酷的技术作为亮点，吸引人们的关注和使用，如图 1-23 所示。

图 1-23　技术驱动型 H5 场景应用

SVG 是一种使用 XML 技术描述二维图形的语言，是一种矢量图。在 H5 中，开发者能够将 SVG 元素直接嵌入 HTML 页面。另外，与 JPEG 和 GIF 等图像格式比起来，SVG 的尺寸更小，而且具有更强的压缩性。

不同的技术实现不同的 H5 动态效果，而且技术驱动型的 H5 看上去比其他类型的 H5 要更上档次，除了需要美工设计参与外，还需要掌握专业技术的人员来开发，营造出更高层次的 H5 营销场景。

例如，《穿越百年，你想成为哪种青年？》是新华社国内部与腾讯看点联合推出的一款历史回顾 H5 作品款，其运用了"全景展示＋答题互动＋视频＋图片合成"等多种技术形式，如图 1-24 所示。

图 1-24　《穿越百年，你想成为哪种青年？》H5 页面

图 1-24 所示的 H5 整体界面采用全景浏览的形式与特意做旧的画面，具有很强的代入感，同时加入大量的视频交互动画和图片，可以更好地展示主题内容，设计非常精致。另外，答题互动小游戏可以提升用户的体验感，让用户有更新鲜的体验。

1.2.5　场景模拟型 H5

优秀的 H5 营销案例，通常都具有一定的亮点，如精致的创意策划、精美的视觉设计以及精彩的互动体验等，可以让用户快速地联想到具体的情景或者回忆某个场景。因此，很多 H5 营销都开始借鉴各种模拟手机或微信的趣味营销方式，让 H5 快速刷爆朋友圈。

场景模拟型 H5 主要通过真实地营造某种特定场景，如手机来电、微信朋友圈以及微信消息等，让用户置身其中，给他们带来亲临现场的感觉，从而实现 H5 的交互和传播效果，如图 1-25 所示。

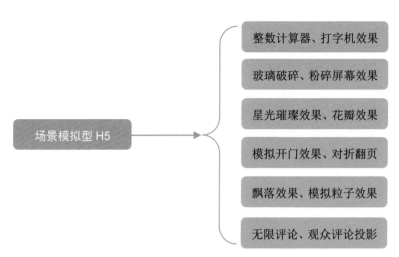

图 1-25　场景模拟型 H5 的类型

如今，随着 H5 技术的发展，很多 H5 开发平台都提供了多种模拟场景的 H5 模板，制作者可以快速打造出逼真的情境，如图 1-26 所示。在 H5 中可以随意模拟各种各样的场景，当然，还要学会将品牌、产品与这些创意的模拟场景相结合。即使找不到很好的场景，也可以将现实生活中的各种场景添加到 H5 中，去深度挖掘更多的创意。

图 1-26　各种场景模拟型 H5

1. 微信朋友圈场景模拟

微信朋友圈营销是如今火爆的营销方式之一，无论是大型企业还是小型企业，都会利用微信朋友圈进行营销，其已经成为企业实现销售利润的一个重要途径。基于微信朋友圈强大的社交分享属性，不仅需要打造和维护企业品牌及良好形象，还需要有足够多的流量来进行推广和营销。

那么，企业要怎样通过微信朋友圈进行营销呢？如果在朋友圈刷屏，则可能会被好友屏蔽、拉黑；如果直接在微信朋友圈发广告，则容易使好友产生反感。此时，如果企业可以自己做一个模拟微信朋友圈进行宣传，那就很完美了。

"模拟微信朋友圈"是人人秀推出的一个 H5 插件，可以帮助制作者快速模拟一个虚拟的微信朋友圈，不仅制作成本低，而且不会被好友屏蔽。图 1-27 所示为宣传保护野生动物的"离开你，是最好的决定"H5 页面，采用了模拟微信朋友圈的形式。

图 1-27　模拟微信朋友圈"离开你，是最好的决定"H5 页面

图 1-27 所示的 H5 页面采用了手绘图片的形式来模拟微信朋友圈，详细地为用户介绍救援野生动物的手法和原因，为用户提供行之有效的指导教学。并且微信朋友圈的形式更能达到立体化的宣传营销效果，吸引更多用户点击查看 H5 页面，起到良好的宣传作用。

2. 微信群聊场景模拟

通过人人秀的微信群聊功能，H5 页面的设计制作者不仅可以在 H5 页面中快速模拟出一个微信群的社交圈，还可以自定义聊天记录、参与人员，设置聊天间隔和样式等，营造出人意料的有趣画面，迅速提高产品知名度。

我们可以通过H5来模拟有趣的微信群聊画面，"自导自演"一场社交盛宴。例如，在"双十一了，男同事突然给我发微信"H5页面中，就模拟了一个非常真实、有趣的微信群聊画面，将用户本人的头像置入其中，用户也可以根据需要对参与人数和每个人的头像、昵称进行设置，使群成员更加立体，如图1-28所示。

图1-28　"双十一了，男同事突然给我发微信"模拟微信群聊场景

3. 指纹开屏场景模拟

指纹开屏是一种比较有创意的H5趣味营销方式，可以模拟用指纹解锁开屏的过程，使H5页面的互动性和趣味性增强。使用MAKA和人人秀都可以实现指纹开屏，而且人人秀还能设置指纹的样式。

图1-29所示为人人秀推出的一个"企业年度盛典答谢会邀请函"H5场景模板，当用户使用手指长按屏幕时，会自动模拟扫描过程，当扫描条达到顶端时，即可自动解锁。

"企业年度盛典答谢会邀请函"的H5页面运用了人人秀的指纹开屏插件，只是对指纹开屏的过程进行一个模拟，并不是只有真正识别用户的指纹才能打开。指纹开屏一般可用于H5页面首页，吸引用户点击查看里面的内容。图1-30所示为"商业峰会邀请函"H5页面首页。

图 1-29   "企业年度盛典答谢会邀请函" H5 场景模拟指纹解锁

图 1-30   "商业峰会邀请函"模拟指纹解锁 H5 页面首页

1.3   两大界面：H5 的设计尺寸

　　H5 界面是移动设备的操作系统、硬件与用户进行人机交互的窗口，设计 H5 界面时必须在手机的物理特性和软件的应用特性基础上进行合理设计，H5 界面的设计制作者首先要对移动设备的常用界面有所了解。而很多人在开发设计

H5 界面时会遇到很多问题，比如，要用多大尺寸的屏幕来设计比较合适，以及屏幕的分辨率是多少等。接下来，笔者就给出一些建议，方便制作者在设计 H5 界面时进行参考。

1.3.1　iOS 设备主要屏幕分辨率

　　iOS（iPhone Operating System）是由苹果公司开发的移动操作系统，广泛运用于 iPhone、iPod Touch、iPad 以及 Apple TV 等产品上，iOS 设备占据了全球智能移动操作系统相当大的一部分市场份额。

　　iPhone 手机的界面尺寸通常为 1334 像素 ×750 像素、1920 像素 ×1080 像素、2688 像素 ×1242 像素、2436 像素 ×1125 像素等，下面列出了部分主流 iPhone 手机产品的界面尺寸。

- iPhone XS：iPhone XS 尺寸为 5.8 英寸，分辨率为 2436 像素 ×1125 像素；iPhone XS Max 尺寸为 6.5 英寸，分辨率为 2688 像素 ×1242 像素，如图 1-31 所示。

图 1-31　iPhone XS 显示屏尺寸

- iPhone 11 系列：iPhone 11 尺寸为 6.1 英寸，分辨率为 1792 像素 ×828 像素；iPhone 11 Pro 尺寸为 5.8 英寸，分辨率为 2436 像素 ×1125 像素。
- iPhone 12 系列：iPhone 12 Pro 尺寸为 6.1 英寸，分辨率为 2532 像素 ×1170 像素；iPhone 12 尺寸为 6.1 英寸，分辨率为 2532 像素 ×1170 像素；iPhone 12 mini 尺寸为 5.4 英寸，分辨率为 2340 像素 ×1080 像素，如图 1-32 所示。

- iPhone 13 系列：iPhone 13 和 iPhone 13 Pro 的显示屏均为 6.1 英寸，分辨率为 2532 像素 ×1170 像素；iPhone 13 Pro Max 的显示屏为 6.7 英寸，分辨率为 2778 像素 ×1284 像素。
- iPhone 14 系列：iPhone 14 的显示屏为 6.1 英寸，分辨率为 2532 像素 ×1170 像素；iPhone 14 Plus 的显示屏为 6.7 英寸，分辨率为 2778 像素 ×1284 像素；iPhone 14 Pro 的显示屏为 6.1 英寸，分辨率为 2556 像素 ×1179 像素；iPhone 14 Pro Max 的显示屏为 6.7 英寸，分辨率为 2796 像素 ×1290 像素。

iPhone 12 Pro ⌄	iPhone 12 ⌄	iPhone 12 mini ⌄

显示屏

超视网膜 XDR 显示屏	超视网膜 XDR 显示屏	超视网膜 XDR 显示屏
6.1 英寸 (对角线) OLED 全面屏[1]	6.1 英寸 (对角线) OLED 全面屏[1]	5.4 英寸 (对角线) OLED 全面屏[1]
HDR 显示	HDR 显示	HDR 显示
2532 x 1170 像素分辨率, 460 ppi	2532 x 1170 像素分辨率, 460 ppi	2340 x 1080 像素分辨率, 476 ppi
2000000:1 对比度 (典型)	2000000:1 对比度 (典型)	2000000:1 对比度 (典型)
原彩显示	原彩显示	原彩显示
广色域显示 (P3)	广色域显示 (P3)	广色域显示 (P3)
触感触控	触感触控	触感触控
800 尼特最大亮度 (典型)	625 尼特最大亮度 (典型)	625 尼特最大亮度 (典型)
1200 尼特最大亮度 (HDR)	1200 尼特最大亮度 (HDR)	1200 尼特最大亮度 (HDR)

图 1-32　iPhone 12 系列显示屏参数

- iPhone SE（第 3 代）：屏幕尺寸为 4.7 英寸，分辨率为 1334 像素 ×750 像素，如图 1-33 所示。

显示屏

视网膜高清显示屏

4.7 英寸 (对角线) LCD 宽屏, 采用 IPS 技术

—

分辨率为1334 像素 x 750 像素, 326 ppi

1400:1 对比度 (典型)

原彩显示

广色域显示 (P3)

触感触控

625 尼特最大亮度 (典型)

尺寸与重量

高度：
138.4 毫米 (5.45 英寸)

宽度：
67.3 毫米 (2.65 英寸)

厚度：
7.3 毫米 (0.29 英寸)

重量：
148 克 (5.22 盎司)

图 1-33　iPhone SE 显示屏参数

- iPad（第 9 代）：显示屏为 10.2 英寸，分辨率为 2160 像素 ×1620 像素，如图 1-34 所示。

设计 H5 界面的时候并不是要按照以上的尺寸每个做一套，具体的设计尺寸要按照自己的手机型号来定，这样可以方便预览设计的效果。目前，手机主流的几种分辨率为 4K、2K、1080P、720P 等。K 是代表横向的像素数，2K 则是指水平分辨率约为 2000 像素点，如 2048 像素 ×1536 像素、2560 像素 ×1600 像素、2560 像素 ×1440 像素等，都被视为 2K 的一种，并没有统一的标准。

图 1-34　iPad 显示屏

1.3.2　Android 设备主要屏幕分辨率

Android（安卓）系统是由 Google（谷歌）基于 Linux 开发的一款移动操作系统。在移动设备的操作系统领域，iOS 和 Android 的竞争十分激烈，都希望拥有更大的份额。截至 2020 年年底，Android 设备占据了全球智能移动操作系统 80% 以上的市场份额。Android 操作系统的手机种类繁多，而它的屏幕尺寸和分辨率也有着很大的差异。

Android 的主流界面尺寸为 1920 像素 ×1080 像素和 2160 像素 ×1080 像素，Android 设备的尺寸比 iPhone 设备的尺寸大，建议使用分辨率为 1920 像素 ×1080 像素的尺寸设计。

例如，HUAWEI nova 8 Pro 的屏幕对角线长度为 6.72 英寸，分辨率为 FHD + 2676 像素 ×1236 像素，同样的尺寸却有着更宽阔的视野，如图 1-35

所示。

图 1-35　HUAWEI nova 8 Pro

专家提醒

　　在制作 H5 页面时，为了适应 Android 手机的主流界面尺寸，建议制作者使用高度为 54 像素的状态栏；高度为 132 像素的导航栏；高度为 146 像素的标签栏；高度为 1588 像素的内容区域。

第 2 章

H5 引流活动：为门店招徕大量顾客

学前提示

在移动互联网时代，线下门店的引流竞争越来越激烈，H5 作为一种多样化的营销工具，可以快速扩大营销活动的范围，提高顾客的消费欲望，助力门店解决"来客难"的问题。

要点提示

- 线上线下：H5 的深入营销
- 新客进店：H5 的吸粉能力
- 顾客留存：H5 的留客能力
- 现场互动：H5 的互动能力
- 分享传播：H5 的传播能力

2.1 线上线下：H5 的深入营销

H5 制作而成的广告，不仅直观、酷炫，而且具有非常强大的现场互动性，可以结合线上营销活动与线下门店场景，实现 O2O 互动营销完美落地。

专家提醒

O2O 即 Online To Offline，其中的"2"取 To 的谐音。一言以蔽之，O2O 就是线下各种消费意向与互联网和移动互联网的结合。也就是说，只要企业或商家的整个产业链环节在线上和线下领域都有涉及，这时，就可称为 O2O。

2.1.1 线下互动：鼓励用户线下二次消费

我们在线下进店消费时，经常会遇到很多门店发放优惠券的情况，它们的目的就是刺激消费者现场消费，或者进行二次"回头"消费。其实，门店也可以利用 H5 活动的形式来发送优惠券，这样不仅有趣味性，而且消费者也会更加珍惜这些机会。线下互动活动的基本流程如图 2-1 所示。

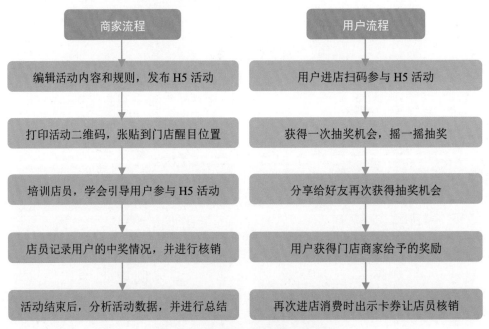

图 2-1　线下互动活动的基本流程

以人人秀为例，首先可以创建一个 H5 线下进店互动活动，建议选择玩法简单、易懂且效率高的常规活动，如这里选择的"幸运红包等你抢"活动。其次，创建活动并将其中的背景更换为门店标志，或者使用系统自带的模板，填写活动的相关说明，然后根据具体情况设置，如图 2-2 所示。

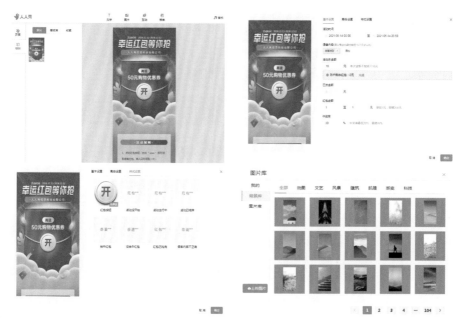

图 2-2　"幸运红包等你抢"活动设置

建议门店商家开通"微信卡券"功能，这样用户获奖后可以直接在微信卡包中打开卡券，以更好地引导用户进行二次消费。在 H5 界面制作完成后，门店商家点击"发布活动"按钮即可，用户通过扫描二维码进入相关的活动页面参与抽奖，如图 2-3 所示。

图 2-3　点击"发布活动"按钮

门店商家可以将活动二维码打印出来张贴到店内，并让店员引导进店的消费者扫码参与。另外，门店商家还可以进入 H5 后台查看活动的数据，了解用户的详细情况。

2.1.2　线下引流：轻松打造 H5 引流利器

企业不仅可以利用简单易实现的 H5 活动，为自己的公众号涨粉，而且能利用 H5 活动为门店线下引流，具体活动流程如图 2-4 所示。

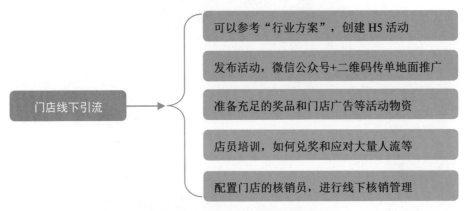

门店线下引流

- 可以参考"行业方案"，创建 H5 活动
- 发布活动，微信公众号+二维码传单地面推广
- 准备充足的奖品和门店广告等活动物资
- 店员培训，如何兑奖和应对大量人流等
- 配置门店的核销员，进行线下核销管理

图 2-4　门店线下引流的活动流程

以凡科互动为例，创建一个 H5 活动，门店商家可以根据门店辐射的地域范围对参与者进行限制，例如，仅限门店或者商城用户参加，以提高奖品的中奖率，如图 2-5 所示。

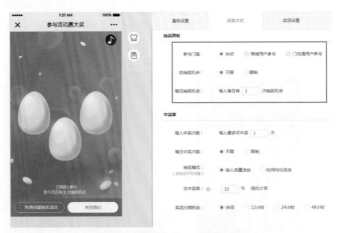

图 2-5　门店线下引流的活动设置

在线上推广活动时，主要利用微信公众号文章以及头条号的文章，在文章中

插入活动链接，也可以在"阅读原文"按钮中添加活动链接。

2.2 新客进店：H5 的吸粉能力

如今，很多人热衷于线下创业，但是开店做生意并不是那么简单，而且行业越热门竞争就越激烈，很多新手商家正式开店运营后，出现种种问题，导致生意萧条。那么，生意不好怎么办？又怎样通过搞活动以吸引顾客？

H5 可以非常方便、快捷地开展新客进店活动，商家可以通过 H5 返利活动来吸引用户进店消费，也可以举办一些店铺爆款特价活动吸引大量的人流，从而达到提高门店客流量的效果。

2.2.1 投票活动：吸引用户，推广品牌

投票是 H5 的一个重要功能，不仅可以对用户进行调研，还能非常直观地了解大众的偏好，让门店的产品与品牌更具针对性。

例如，保妥适（注射用 A 型肉毒杆菌毒素）联合多家医疗美容机构举办的"寻找爱笑的眼睛"活动就采用了 H5 页面的投票功能，吸引用户填写个人信息参与活动，如图 2-6 所示。

图 2-6 "寻找爱笑的眼睛"投票活动

"寻找爱笑的眼睛"投票活动的浏览量非常大，吸引了众多用户的参与，最高的点赞数达到了 21 万多，通过举办这次投票活动，为保妥适吸引了不少用户。活动之所以如此成功，离不开 H5 制作人员精心的策划和推广，其运营技巧如图 2-7 所示。

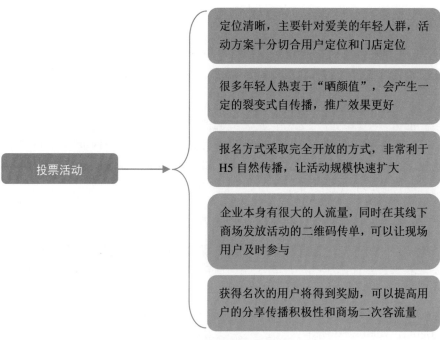

图 2-7　投票活动的运营技巧

2.2.2　红包邀请函：立竿见影的引流效果

微信红包一直是企业常用的营销工具，线下门店引流时可以在 H5 中添加微信红包，并制作成邀请函，不仅对用户形成了极大的吸引力，而且让用户得到了切实的好处，对门店产生好的印象。

例如，长隆为了在春节期间增加游客数量，推出了"翻牛年福气卡 召祥隆十八奖"H5 活动，如图 2-8 所示。

通过"翻福卡"H5 界面，用户可以得到属于自己的福卡，其只需扫描福卡中的二维码即可跳转至长隆的公众号页面，输入福卡上的兑换码就可以获得相应的优惠券，跳转至长隆的微商城即可使用优惠券购买门票或者订购酒店，如图 2-9 所示。

专家提醒

商家在制作活动邀请函时，一定要提前一段时间，以让用户有更多的时间安排行程和做相关准备。另外，邀请函中还必须包括一些基本元素，如活动主题、活动简介、活动链接等。

图 2-8　"翻牛年福气卡 召祥隆十八奖" H5 活动

图 2-9　"福卡"和订票页面

"翻牛年福气卡 召祥隆十八奖" H5 活动是通过易企秀平台设计的，极大地节省了制作时间。使用模板制作 H5 页面时，我们只需要根据自身的需要，替换其中的图片、描述文字、企业名称即可。当然，用户也可以自己更换模板中的动画特效等内容，制作出完全不一样的、属于自己的 H5 页面。

图 2-10 所示为易企秀平台"翻福卡"H5 活动的模板。

图 2-10 易企秀平台"翻福卡"H5 活动的模板

制作红包邀请函还有一个关键步骤，就是添加红包插件，或者是添加红包、优惠券的二维码。在"翻牛年福气卡 召祥隆十八奖"H5 活动中，就是通过添加优惠券的二维码来吸引用户关注的。

添加优惠券或红包的二维码很简单，只需要在制作 H5 页面时更换图片即可。那么，该怎么添加红包插件呢？

以人人秀为例，在制作红包邀请函的页面时，打开"互动"界面，在左侧列表框中选择"红包"选项，在右侧"红包"类目中可以选择"微信红包""语音红包""口令红包""高级口令红包""裂变红包"等插件，如图 2-11 所示。

图 2-11 选择红包样式

发布红包邀请函后，企业商家也可以使用一些运营技巧以吸引更多用户关注。下面以长隆红包邀请函活动为例，解析其中的运营技巧，如图 2-12 所示。

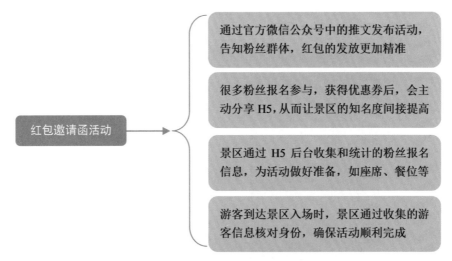

图 2-12　红包邀请函活动的运营技巧

2.2.3　抽奖活动：带动门店产品销量增加

门店进行新品推广时，可以利用 H5 举办抽奖活动，在门店张贴活动二维码，让现场消费者抽奖，从而带动产品销量的增加。例如，"去哪儿"旅行网为宣传企业所举行的"这个夏天，你 YAO 了吗"H5 摇一摇抽奖活动，如图 2-13 所示。

图 2-13　"这个夏天，你 YAO 了吗"H5 摇一摇抽奖活动

"去哪儿"旅行网的 H5 抽奖活动，旨在吸引更多消费者关注该企业，并通过抽奖活动使品牌知名度得到裂变式的扩大。因此，"去哪儿"旅行网在 H5 页面中突出强调了此次活动的优惠力度，消费者点击抽奖页面中的"去浏览"按钮即可进行查看，如图 2-14 所示。

图 2-14　通过 H5 突出重点信息

"去哪儿"旅行网的这次抽奖活动能有这么大的传播影响力，与它的推广策略是分不开的，如图 2-15 所示。

```
                          ┌─────────────────────────────────┐
                          │ 通过各大新闻渠道、本地媒体和行业论坛，│
                          │ 对 H5 活动进行充分曝光            │
                          └─────────────────────────────────┘
                          ┌─────────────────────────────────┐
                          │ 将活动的邀请地址发布在各大品牌网站和 │
                          │ 自身软件、公众号上               │
     ┌──────────┐         └─────────────────────────────────┘
     │  抽奖活动  │────────▶
     └──────────┘         ┌─────────────────────────────────┐
                          │ 通过红包抽奖活动吸引线上流量，从而使 │
                          │ 得更多新顾客进行购票、订酒店       │
                          └─────────────────────────────────┘
                          ┌─────────────────────────────────┐
                          │ 红包抽奖活动优惠力度大、吸引力强，玩 │
                          │ 法多样，活动页面精美             │
                          └─────────────────────────────────┘
```

图 2-15　"去哪儿"旅行网抽奖活动的推广策略

接下来，以人人秀为例，介绍抽奖活动的设计方法。

首先，新建一个模板页面，并删除其中多余的元素，在页面中，打开"互动"界面,在左侧列表框中选择"活动"选项,在右侧"活动"类目中选择"抽奖"插件,为 H5 页面添加一个抽奖插件，如图 2-16 所示。

图 2-16　添加抽奖插件

其次，添加抽奖插件后进行抽奖设置，可以在这里设置抽奖类型、奖品、抽奖时间等，如图 2-17 所示。

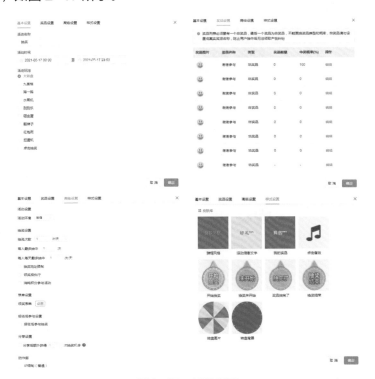

图 2-17　抽奖设置

不仅可以在"奖品设置"选项卡的奖品类型中设置"实物"奖选项（见图 2-18），还可以设置兑奖方式、领奖人信息以及中奖提示等选项，门店活动建议设置为"线下领奖"。

图 2-18　设置"实物"奖

最后，在奖品设置中，最左侧的笑脸用来替换奖品图片，如图 2-19 所示。可以单击笑脸上传自制的商品图标和兑奖券图标，图片标准大小为 50 像素 ×50 像素，超过该像素大小将会自动压缩，只要图片不是太大，就不会出现明显失真，用户可以放心上传。

图 2-19　替换奖品图片

2.2.4　砍价预售活动：大幅增加线下引流

门店在进行新店宣传或者新品发布时，"砍价"是一种非常合适的营销活动，商家可以用一款价格诱人的产品，获得指数级传播效果。

临汾传统超市企业巨头万佳福生活购物广场，一直通过传统营销创造好销量，但为了拓宽线上推广渠道，开始运营 H5 新型的营销方式，同时与传统营销方式相结合，从而创造新的盈利点。其中，"有礼同享 抱团砍价！"就是万佳福生活购物广场推出的一个 H5 砍价预售活动，如图 2-20 所示。

图 2-20 "有礼同享 抱团砍价！"H5 砍价预售活动

万佳福生活购物广场选择 H5 砍价预售活动的目的如图 2-21 所示。

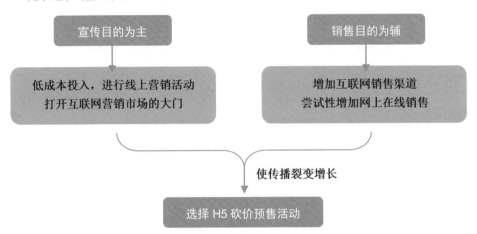

图 2-21 选择 H5 砍价预售活动的目的

万佳福生活购物广场在 H5 页面发布用于超市消费的现金券，制定原价为 100 元和底价为 50 元，消费者可以邀请好友帮忙砍价，邀请到的人越多，砍掉的价格也就越多，直到价格被砍到 50 元，即可领取现金券。

门店可以通过上述砍价预售活动让商品宣传的力度加大，形成"一传二、二传四……"的指数扩大宣传规模。当然,在运营活动过程中,还要掌握一定的技巧,图 2-22 所示为万佳福生活购物广场 H5 砍价预售活动的运营技巧。据悉, 万佳福生活购物广场的 H5 砍价预售活动浏览量达到 40000 多人次，参与砍价的次数达到 17000 多人次，成功砍价的次数有 200 多人次。

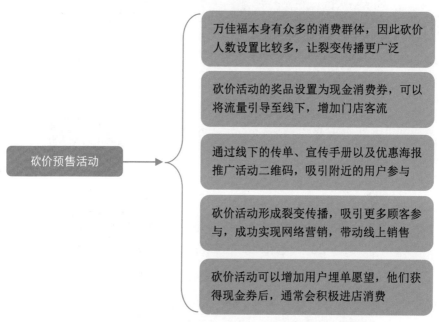

砍价预售活动

- 万佳福本身有众多的消费群体，因此砍价人数设置比较多，让裂变传播更广泛
- 砍价活动的奖品设置为现金消费券，可以将流量引导至线下，增加门店客流
- 通过线下的传单、宣传手册以及优惠海报推广活动二维码，吸引附近的用户参与
- 砍价活动形成裂变传播，吸引更多顾客参与，成功实现网络营销，带动线上销售
- 砍价活动可以增加用户埋单愿望，他们获得现金券后，通常会积极进店消费

图 2-22　万佳福生活购物广场 H5 砍价预售活动的运营技巧

2.3　顾客留存：H5 的留客能力

顾客进店后，如何提升留存率是每个商家都要考虑的事情。可以通过 H5 活动给顾客带来意外惊喜，让他们的消费欲望增强；除此之外，也可以制作一些有趣好玩的 H5 小游戏，让顾客在门店的消费时间得到延长，产生更多的商机。

2.3.1　优惠券活动：增加线下门店的热度

优惠券是一种门店商品促销常用的手段，通过发放优惠券，可以快速增加线下门店的热度。用户在门店消费时，使用优惠券可以抵扣一定的消费金额，从而达到促销和提高客单价的目的。

例如，在"618 电商节"期间，对于线下门店的销售量来说，会带来不小的冲击。绿瘦代餐食品为了紧跟这股电商热潮，推出了年中大促和"母上大人反手就是一波泛滥的爱，差点没接住"H5 优惠券活动，如图 2-23 所示。

妈妈已经为你在网上下单了哦！

不能变得比隔壁老王的女儿更美……

图 2-23　"母上大人反手就是一波泛滥的爱，差点没接住"H5 优惠券活动

绿瘦代餐食品通过发放店铺优惠券，让活动信息快速传播，线下销量大幅增加。绿瘦代餐食品的年中大促活动覆盖了全国范围的所有门店，让用户了解到购买该产品时会享受的优惠措施，从而更加愿意购买产品。

> **专家提醒**
>
> 　　绿瘦代餐食品的 H5 优惠券活动范围比较广，因此主要通过线上传播，包括百度贴吧、城市新闻媒体、生活服务网站以及城市论坛等，吸引线上用户前往京东进行购买，线下用户则去门店购买产品。

另外，这次活动还通过魔性的画风和剧情得到了获奖用户的自发性传播，让活动受众更加广泛。

2.3.2　H5 小游戏：延长顾客线下消费时间

如今，消费者越来越看重门店的整体服务体验，因此商家不得不采取新举措以招徕顾客，并延长顾客的驻店停留时间，其中 H5 小游戏就是常用的措施。

例如，在中秋期间，中国邮政储蓄银行推出了"悦享时光灰机"的 H5 小游戏，如图 2-24 所示。通过一系列线上、线下活动，让银行实现了更好的宣传目的。

图 2-24　"悦享时光灰机"的 H5 小游戏

在中国邮政储蓄银行的这次 H5 小游戏中，用户可以通过重力感应控制纸飞机，游戏体验很好，同时纸飞机在飞的过程中，用户还可以了解相应的折扣活动情况，从而引导他们去中国邮政储蓄银行办理信用卡。商家如果想在 H5 页面中添加小游戏，可以使用人人秀的小游戏模板，如图 2-25 所示。

图 2-25　人人秀的小游戏模板

2.3.3　等位活动：用 H5 活动减少等位流失

对于生意火爆的门店而言，虽然不必为人流烦恼，但是经常出现顾客排队等位的问题，尤其是餐饮行业，稍有不慎就造成顾客流失。此时，商家可以创建一些 H5 小游戏活动，让顾客在等待时可以玩一玩，不仅帮助顾客打发时间，还能通过 H5 再次宣传品牌，让品牌形象深入人心。等位活动的流程如图 2-26 所示。

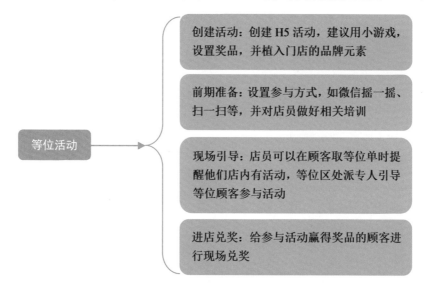

图 2-26 等位活动的流程

餐饮企业可以利用凡科互动平台创建 H5 小游戏的等位活动，如图 2-27 所示。H5 模板建议选择与餐厅相关的类型，以"脑力大挑战"活动为例，商家可以把图片更换为自家店铺的宣传海报等，题目也可以是与企业相关的问题。

图 2-27 创建 H5 小游戏的等位活动

对于等位活动来说，其目的就是延长用户的游戏时间，因此可以适当增加游戏的难度，并且将抽奖门槛设置得高一些，以及关闭快捷重复抽奖，活动中途可根据实际情况进行调整，如图 2-28 所示。

图 2-28　增加游戏的难度，延长顾客的游戏时间

在引导顾客参与等位活动时，可以把活动二维码打印并粘贴在菜单或等位单上，引导顾客扫码参与；也可以开通微信"摇一摇周边"功能，让用户打开手机定位和蓝牙功能，然后打开"微信摇一摇"，选择"摇一摇周边"功能来参与活动。图 2-29 所示为凡科互动提供给用户的 H5 页面的推广方式。

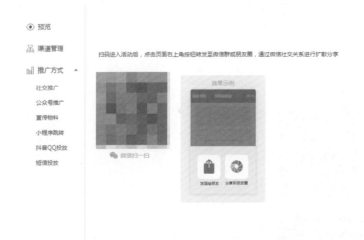

图 2-29　H5 页面的推广方式

2.4　现场互动：H5 的互动能力

如今，智能手机已经成为大众生活的必需品，而 H5 发布的活动信息能够第一时间通过智能手机被大众接受，线下门店的用户互动性也由于了解活动所需时间的缩短而更具实时化。因此，将门店营销和 H5 互动结合起来，能够快速引起目标群体的关注，获得较好的营销和引流效果。

2.4.1　线下会展活动：吸引更多人流

企业在举办线下会展活动时，通过 H5 互动活动让引流更加省心、省力，吸引更多的人流。对于线下会展来说，创建 H5 活动有以下两种引流方式。

1. 线上预热引流

通过公众号、微博或者官网等提前发布 H5 活动信息，吸引更多的人关注会展。线上预热引流的运营重点是抢在会展开始前一段时间，通过 H5 活动来将传播量扩大，吸引更多用户关注和参与会展，因此需要增强 H5 活动的吸引力，可以采用抽奖的形式引导用户到会展现场兑奖，同时要注意降低活动的难度。

以易企秀为例，创建 H5 小游戏的线上预热引流活动，建议选择常规主题下的常规活动或竞技活动，难度较小，如宠物屋接物小游戏，如图 2-30 所示。

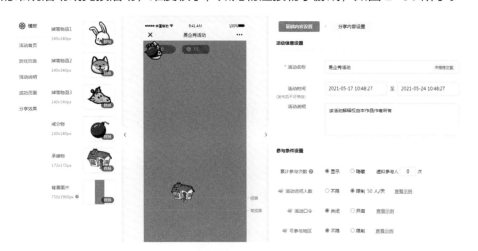

图 2-30　宠物屋接物小游戏进行线上预热引流

2. 现场互动引流

现场发布 H5 活动信息，吸引参与会展的用户体验。当会展开始后，为了吸引入场的用户在展区停留更久一些，可以利用 H5 小游戏进行品牌宣传，以便更好地使用户对品牌形象留下深刻印象。

以易企秀为例，创建 H5 小游戏进行现场互动引流，适当将获奖标准设置得高一些，以免奖品快速被发完。除此之外，还可以设置分享页面和自定义开屏广告，从而更好地为品牌活动引流，如图 2-31 所示。

图 2-31　设置分享页面和自定义开屏广告

2.4.2　会议现场活动：丰富会议环节

在年会、研讨会或者商务会议等现场，常常会举行一些抽奖活动，但通常都是通过抽奖号和抽奖箱等传统方式，需要由专门的工作人员安排。现在，随着智能手机的普及和应用，企业可以通过 H5 活动让会议环节更加丰富、有趣，同时还可以添加抽奖环节，增加会议环节的趣味性。以人人秀为例，既可以直接设置抽奖游戏，也可以设置签到抽奖、拼团抽奖、定时抽奖等活动，如图 2-32 所示。

图 2-32　设置会议抽奖活动

由于是在会议的中间环节玩游戏，因此建议游戏时间不要太长，也可以添加抽奖地址限制，规定只有与会人员才能进行游戏，如图 2-33 所示。

图 2-33　添加抽奖地址限制

专家提醒

　　发布活动时，企业商家可以将活动二维码复制到会议现场的 PPT 上，或者添加"摇一摇"功能，进入抽奖环节后，可以让大家拿出手机扫描二维码玩游戏，并公布抽奖结果，进行现场兑奖。

2.4.3　连续性现场活动：沉淀大量粉丝

　　很多时候，商家为了让现场活动人气爆棚，经常举行一些连续性现场活动，如"3 天连续 3 场活动""草莓文化节""游乐园活动周"以及大型演出活动等，通过这些连续性的活动来增加人气，吸引人流。

　　此时，商家也可以通过 H5 签到游戏来完成目标，通过让用户每天签到，将活动时间拉长，从而为主题活动沉淀大量粉丝。

　　以人人秀为例，可以在 H5 模板中选择签到活动，如"签到抽奖""七日打卡"等，如图 2-34 所示。在设置活动时，可以将其中的模板图片换成与活动主题相关的品牌、产品或人物元素，获奖要求可以根据企业商家的品牌需求设定。另外，建议增加"连续签到奖励"功能，例如，连续签到 3 天可获得 20 金币，激励用户持续地关注活动。

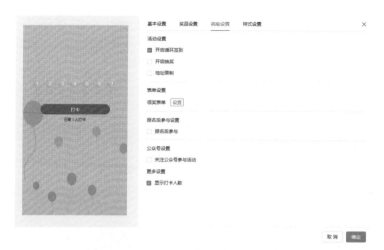

图 2-34 人人秀的"七日打卡"模板

2.5 分享传播：H5 的传播能力

门店引流活动的分享传播原则是"互惠互利"，要让顾客看到并体验到好处，让他们觉得参与活动对自己有利，或者给予他们精神上的满足感，并快速形成爆发式分享。

2.5.1 礼品活动：顾客赢福利，门店得利润

礼品活动主要通过给顾客赠送礼品、优惠券或现金奖励等，吸引用户进店消费。理想的礼品活动除了可以增加活动期间的销售额外，还能提升门店的知名度，稳定现有顾客群，并为门店带来新的顾客，使门店在活动之后的销售水平再上一个新台阶。图 2-35 所示为礼品活动策划分析。

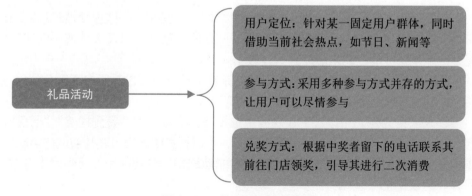

图 2-35 礼品活动策划分析

知名卫生纸品牌维达举行的"维达中国行第七季"H5 礼品活动，就是运用了投票功能，用户每天拥有一个投票权，为自己心仪的城市投票，投票过程中还可以玩小游戏赚取金币进行抽奖，如图 2-36 所示。

图 2-36　"维达中国行第七季"H5 礼品活动

维达的 H5 礼品活动对品牌进行了很好的宣传，大幅度提高了品牌的影响力，吸引用户进行线上、线下的产品购买。另外，用户中奖后前往门店兑奖，同时也能引导他们进行二次消费。

除了用户的主动传播外，维达还利用自身的品牌知名度进行宣传，将印有活动二维码的广告牌放在超市，提示来往顾客扫描二维码领取优惠券，吸引了大量的顾客参与活动并购买产品。

2.5.2　裂变红包：消费者推荐好友送红包

微信的红包营销颠覆了传统的品牌营销方式，同时也成为门店分享传播的主流活动方式。尤其是 H5 裂变红包活动，用户扫描二维码参与活动，即可打开一个组合红包，将其分享给好友并领取之后，即可随机获得其中一个红包，让门店品牌通过推荐好友送红包形成裂变式传播。

奇瑞汽车为了扩大品牌知名度，增加产品销量，选择了猜灯谜赢红包进行产品宣传，推出"元宵奇瑞谜礼"H5 猜灯迹赢红包活动，用户通过在活动页面猜灯谜即可赢得红包。既有传统的灯谜，也有奇瑞品牌的相关知识，吸引了许多用户参加，如图 2-37 所示。

图 2-37　"元宵奇瑞谜礼"H5 猜灯谜赢红包活动

为了更好地促进用户对 H5 营销活动进行分享和推广，企业可以在 H5 页面添加裂变红包插件，这样一来，用户每次在 H5 营销活动中抽得一次红包奖励，就可以收获相应的裂变红包。裂变红包对企业的 H5 营销活动有很好的宣传作用，能够激发用户的分享欲望，极大地提升 H5 页面的分享率，使其传播范围更大。

以人人秀为例，在裂变红包的编辑页面中，切换到"基本设置"选项卡，设置活动时间、抽奖红包金额、中奖率、是否允许重复抢红包、裂变红包金额以及裂变红包个数等选项，如图 2-38 所示。对于裂变红包活动来说，红包的裂变是重点，只有分享并达到规定人数后才能领取。

图 2-38　在 H5 页面中添加裂变红包插件

制作好 H5 裂变红包活动后，还需要对其进行大力的宣传、推广。奇瑞汽车将红包活动作为福利分享给新老顾客，同时在各个线下门店内放置活动二维码，让进店消费的顾客参与活动。当顾客猜灯谜抽取到购车红包之后，店员会通知用户将活动分享给好友，从而让红包产生裂变。

2.5.3　分享后抽奖：快速扩散门店促销消息

提高活动的分享率和转发率需要门店营销人员的重点关注，此时，可以选择分享后抽奖 H5 活动形式，这一形式非常适合门店开业和促销活动，只有用户将 H5 活动分享出去，才能进行抽奖，领取红包或优惠券。

白猫品牌举行的"你是哪种幸运儿"H5 活动，通过各种问题测试和剖析用户心理，最后引导用户分享自己的"幸运值"，以此来为品牌吸引大量客流，如图 2-39 所示。

图 2-39　"你是哪种幸运儿"H5 活动

在制作 H5 页面时，白猫品牌采用了长页面的设计形式，将众多符合产品特色的信息纳入其中，并用心理测试的方法让用户及时了解。在推广 H5 活动时，白猫品牌提前一段时间对活动进行预热宣传，将活动二维码通过门店广告牌和公众号进行宣传，从而使活动消息能够快速扩散。

第 3 章

H5 营销活动：为品牌扩大知名度

学前提示

　　H5 可以满足更加多元化的商业需求，形成强势的品牌曝光，适配多场景的商业表达推广，企业可以自定义 LOGO 和底标等品牌标识，潜移默化地将品牌植入用户心中，使他们对品牌产生兴趣。同时，H5 也可以讲述品牌故事，满足品牌第一时间曝光需求。

要点提示

- 微信吸粉：H5 的裂变式传播
- 品牌引流：轻松打造流行品牌
- 品牌推广：全面传达品牌调性
- 品牌认同：提高顾客品牌认知度
- 品牌维护：巩固品牌市场地位

3.1　微信吸粉：H5 的裂变式传播

在移动互联网时代，微信营销一直是各大企业最为关注的部分，怎样快速通过微信吸粉成为商家亟须解决的难题。我们可以通过 H5 的形式，策划高质量、娱乐化的微信吸粉活动，以利益为诱导，让用户在"玩"的同时，不知不觉地推广和分享。

3.1.1　强制关注：简单高效暴力吸粉

很多微信公众号虽然有优质的内容，但是无法获得人们的关注，此时可以策划一些快速吸粉的 H5 活动，帮助公众号迅速完成粉丝的原始积累。

1.　强制关注公众号

为了让公众号快速吸粉，制作 H5 页面的商家在创建 H5 活动时，可以开启"强制关注"功能，要求用户只有关注公众号才能参与活动。

现在，许多 H5 制作网站或 App 都能设置强制关注微信公众号参与活动。图 3-1 所示为人人秀 H5 制作页面的强制关注功能，H5 页面的制作者在人人秀的"互动"界面，单击"高级设置"按钮，即可设置"关注公众号参与活动"。

防作弊

☐ IP限制（普通）

☑ 微信防作弊（较强）

公众号设置

☐ 关注公众号参与活动

☐ 公众号消息提醒

更多设置

☑ 显示中奖信息

☑ 显示我的奖品

取消　确定

图 3-1　人人秀的"关注公众号参与活动"

通过 H5 页面实现强制关注功能的门槛非常低，公众号无须对其进行授权。不过，这种方式的缺点就是操作比较麻烦，需要通过不同渠道设置两个不同链接才能实现强制关注，因此容易出现错误；因为多了一个链接地址，就容易泄露，一旦泄露就无法实现强制关注。

专家提醒

H5 页面的制作者在使用强制关注功能时，需要注意以下两点。

（1）不要出现诱导词语。根据相关的微信规则，使用强制关注功能存在一定的风险，甚至有可能被封号。当然，人人秀为了降低风险，也采取了一些措施，如禁止在 H5 页面中直接提及"关注后领红包"或者"关注后抽奖"等带有明显诱导关注性质的词语，当然，用户也需要慎重。

（2）注意控制涨粉速度。在 H5 活动中使用强制关注功能为公众号吸粉时，一定要注意适当控制涨粉速度，尤其是在粉丝人数过少（少于 3000 人）时，千万不可过快涨粉，否则这种不正常的增长速度会引起官方的注意，导致账号被封。

同时，H5 页面的制作者制作好关注公众号参与 H5 活动后，还需要使用一定的运营技巧，如此才能实现粉丝的有效增长，如图 3-2 所示。

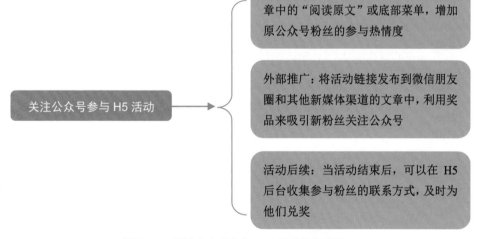

图 3-2　关注公众号参与 H5 活动的运营技巧

2. 语音红包

语音红包是口令红包的一种演变形式，用户只有通过语音输入正确的口令，才能领取红包，这样不仅让用户对产品的印象更加深刻，还能活跃气氛。

以人人秀为例，在制作 H5 活动时，打开"互动"界面在左侧列表框中选择"红包"选项，在右侧"红包"类目中选择"语音红包"插件，即可在页面中添加一个语音红包的活动插件，如图 3-3 所示。

图 3-3　添加"语音红包"活动插件

添加完"语音红包"活动插件之后，制作者就可以根据自身情况对语音内容、活动总金额、红包金额以及中奖率进行设置。语音红包的活动结束后，公众号运营者可以通过微信公众平台统计新增粉丝数，结合 H5 活动后台显示的红包领取数据，对粉丝的流失途径进行分析，得出公众号内容的优化策略并及时进行完善，让公众号内容更加优质。

3.1.2　裂变增长：分享活动快速吸粉

如果想要通过 H5 活动实现微信公众号粉丝的裂变增长，H5 页面的制作者可以紧扣热点事件来策划活动内容，从而更好地提高粉丝活跃度，并借助热点活动的裂变效应来引爆粉丝。

1. 分享活动奖励

H5 分享活动奖励是指当用户抽奖次数用完后，可以将该 H5 活动分享给微信好友，从而增加抽奖机会。以凡科互动平台为例，H5 页面制作者进入个人中心，进行微信服务授权，并开通强制关注功能，如果是已认证的服务号，还需要开通微信授权功能。

首先，制作者可以选择合适的小游戏模板，点击"立即创建"按钮，如图 3-4 所示。

进入页面编辑界面，制作者对 H5 页面内容进行相应的更换和设置之后，还可以在首页页面设置合适的抽奖限制和中奖率。

制作者在首页页面下方的"高级选项"区域中，选中"好友助力"中的"分享奖励"单选按钮就可以开启好友助力，扩大活动的影响力；"联系信息"建议设置为"中奖后填写"，优化用户体验，避免给用户带来过多的操作，如图 3-5 所示。

图 3-4　选择合适的小游戏模板并点击"立即创建"按钮

图 3-5　设置派奖方式

其次，奖项设置，制作者可以根据自己的活动经费预算来安排，"兑奖方式"设置为"公众号兑奖"，其他选项可以根据实际情况进行设置，如图 3-6 所示。通常来说，公众号吸粉活动可以给用户提供一些与公众号主题相关的产品作为奖励，或者红包、话费、流量以及实用礼品等作为奖品。

图 3-6　设置"兑奖选项"

再次，保存、预览并测试活动，制作者可以得到活动的二维码和链接，如图 3-7 所示。确认无误后，就可以在公众号文章中介绍并发起 H5 分享活动。

图 3-7　预览活动

最后，制作者还需要掌握一些实用的运营技巧，使 H5 的分享活动能提高用户留存率并获得更好的反响。H5 分享活动的运营技巧，如图 3-8 所示。

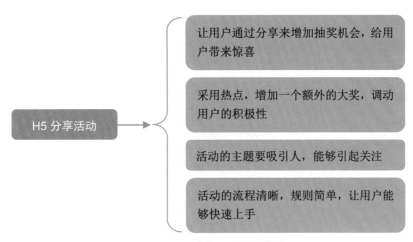

图 3-8　H5 分享活动的运营技巧

2. 口令红包

口令红包原本是手机 QQ 的一种红包玩法，用户给好友发送红包时，可以设置相应的口令，好友在领取红包时只有输入正确的口令，才能抢到红包，这样可以增加获取的红包难度。企业可以通过口令红包活动，快速给公众号吸粉，引导粉丝关注公众号。

口令红包的 H5 页面可以通过人人秀平台制作，制作者在相应的 H5 页面添加一个口令红包插件，并设置红包口令，如图 3-9 所示。

图 3-9　添加口令红包插件并设置红包口令

至于红包口令，制作者可以在活动说明中提示用户前往公众号文章中去寻找。这样一来，就可以十分巧妙、有效地引导用户关注公众号，还能提高文章的阅读量，可谓一举两得。

3. 照片投票活动

照片投票活动是一种不错的 H5 互动方式，适用于公众号吸粉、节日活动以及产品展示等场景。照片投票活动同样可以通过人人秀平台来设计，制作者在活动页面添加一个照片投票插件，并设置活动名称、活动时间、投票开始时间、活动类型、头图设置、活动规则等，如图 3-10 所示。

图 3-10　添加照片投票插件

在照片投票活动的运营过程中，制作者或者公众号的运营人员需要关注活动的进度，通过 H5 后台对投票数据进行实时监控，防止有人上传违规照片。同时，也需要拓展推广渠道，将活动发布到更多的平台，扩大传播规模。这种照片投票活动通常是由用户自行上传照片参与，同时，他们还会为自己"拉票"，为公众号快速吸粉。

4. 在线答题活动

在线答题活动在微信公众号中运用得比较多，主要是设计一些有趣的问答游戏，并制定相应的内容来宣传品牌和产品，或者相关的规章内容与社会常识等。

在线答题活动的引导性非常强，制作者可以在题目设置的过程中不断强调自身品牌、公众号的优势，达到引流效果，同时通过用户的不同答题结果，精准筛选用户群体。

制作 H5 在线答题活动的关键在于一套足够优秀的题目，其运营技巧如图 3-11 所示。

人人秀平台上的答题插件可以简化用户的操作流程，题库中还提供多套题目，点击即可套用。制作者打开"互动"界面，在左侧的列表框中选择"活动"选项，在右侧"活动"类目中选择"闯关答题""有奖竞猜""答题"或"整点答题"等答题插件，即可添加该功能，如图 3-12 所示。

图 3-11　H5 在线答题活动的运营技巧

图 3-12　添加答题插件

在弹出的对话框中设置活动名称、时间、规则、题目、答题结果、排行榜、奖品以及题目分值等。在"题目"选项卡中单击"题库"按钮，可以进入题库直接选择相应的题目，如图 3-13 所示。

图 3-13　单击"题库"按钮进入题库

H5 页面的制作者和公众号的运营者可以通过在线答题活动调动粉丝的积极性，实现和粉丝之间的积极互动。同时，通过粉丝的不同答案，对粉丝进行精准的画像，针对他们的需求开展个性化的营销活动。

3.1.3　保持互动：有效增强粉丝黏性

适当进行一些 H5 页面的活动还可以让公众号运营者保持与粉丝互动，增强粉丝黏性，让运营人员更为方便地输出内容。

1．H5 小游戏

节假日是公众号非常珍贵的营销时段，此时用户的空闲时间比较多，也会花更多的时间去浏览感兴趣的公众号内容，因此，H5 制作者与公众号运营者应抓住这个机会。

美的集团在 2021 年春节举行了"鼓舞 2021"的 H5 小游戏活动，用户在活动页面中完成小游戏，领取新年祝福，如图 3-14 所示。

图 3-14　"鼓舞 2021"H5 小游戏

H5 页面的制作者可以通过人人秀平台的模板设计制作 H5 小游戏页面，并根据自身品牌、产品定位等需要更换图片。图 3-15 所示为人人秀的 H5 小游戏模板。

图 3-15　人人秀的 H5 小游戏模板

专家提醒
　　H5 页面的制作者和微信公众号的运营者可以根据不同的社会热点，来选择合适的游戏，这样对微信公众号文章的阅读量和点击量都有显著的作用。

　　另外，美的集团在公众号上发布"鼓舞 2021"H5 小游戏活动的时候，不仅进一步扩大了品牌知名度，还专注于民族文化的传承，并为之后的新产品推出做了预热。

　　需要注意的是，在推广小游戏的过程中，微信公众号推文的发布次数有限，公众号运营者可以将游戏链接或者二维码嵌入文章、公众号菜单栏中，通过用户自行扫二维码、公众号的关注回复、自动回复等多个渠道来引导粉丝参与游戏活动，在增强粉丝黏性的同时推广自身产品。

2. 摇一摇抽奖活动

　　摇一摇抽奖活动的玩法简单明了，而且有利于突出主题，适用于"盘活"公众号粉丝。

　　同样地，摇一摇抽奖活动也可以使用人人秀平台的抽奖插件制作。制作者可以通过使用 Photoshop 等软件来制作展示效果，然后将展示图片导入人人秀平台，并插入抽奖功能，如图 3-16 所示。

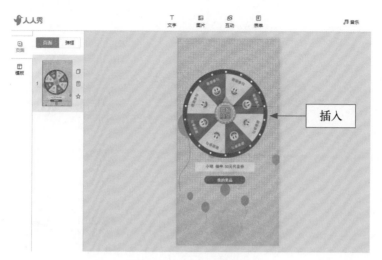

图 3-16　插入抽奖功能

　　在进行抽奖设置时，在活动玩法中勾选"摇一摇"复选框，设置完成，如图 3-17 所示。当然，制作者也可以根据自身实际需要更换"摇一摇"背景图片，使之更加符合公众号的风格和产品的用户定位。

图 3-17　勾选"摇一摇"复选框

　　人人秀平台除了有比较常见的摇一摇抽奖外，还有大转盘、九宫格、水果机、刮刮乐、砸金蛋、翻牌子、红包雨以及扭蛋机等多种抽奖活动。

　　在举行 H5 摇一摇抽奖活动的过程中，公众号的运营者需要掌握三点实用的运营技巧，如图 3-18 所示。

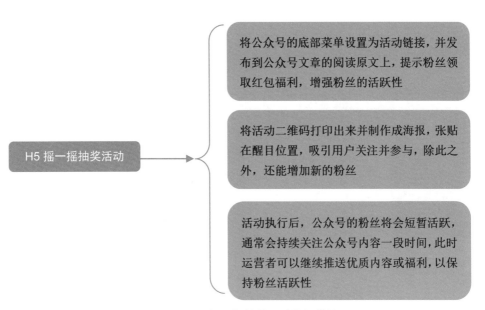

将公众号的底部菜单设置为活动链接，并发布到公众号文章的阅读原文上，提示粉丝领取红包福利，增强粉丝的活跃性

将活动二维码打印出来并制作成海报，张贴在醒目位置，吸引用户关注并参与，除此之外，还能增加新的粉丝

活动执行后，公众号的粉丝将会短暂活跃，通常会持续关注公众号内容一段时间，此时运营者可以继续推送优质内容或福利，以保持粉丝活跃性

H5 摇一摇抽奖活动

图 3-18　H5 摇一摇抽奖活动的运营技巧

3. 打卡签到活动

如果公众号运营人员与粉丝长期缺乏互动，可能会形成大量的"假粉""死粉"，在这种情况下，运营者可以制作签到抽奖的 H5 活动，通过签到抽奖的奖励机制，鼓励粉丝每天打卡签到。这样，就可以轻松实现粉丝促销活动。

那么，该如何制作 H5 打卡签到活动页面？以人人秀为例，在制作页面中，打开"互动"界面，在左侧列表框中选择"签到"选项，在右侧"签到"类目中选择"签到抽奖"插件，即可添加该功能，如图 3-19 所示。

图 3-19　选择"签到抽奖"插件

添加"签到抽奖"插件之后，制作者单击该插件，在弹出的对话框中对"签到抽奖"进行相应的设置。比如，在基本设置里设置活动名称、时间、抽奖次数、最多中奖次数、每人每天最多中奖次数、活动模式、抽奖消耗金币、签到获得金币和连续签到奖励；在高级设置里对参与签到抽奖的用户进行限制，比如，只有报名之后或者关注公众号之后才能参与抽奖，如图 3-20 所示。

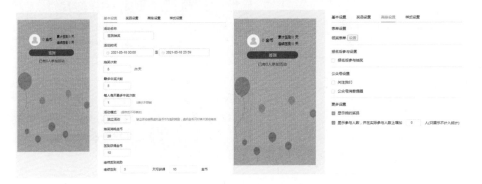

图 3-20　签到抽奖设置

当进行签到抽奖活动的时候，公众号的运营者还需要掌握一些必需的运营技巧，如图 3-21 所示。

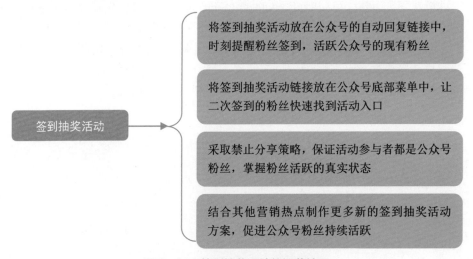

图 3-21　签到抽奖活动的运营技巧

3.2　品牌引流：轻松打造流行品牌

PC 时代奉行的是"流量为王"这一准则，而移动互联网时代奉行的则是"流行即流量"，通过 H5 让产品或品牌成为流行，从而增强它们对用户的吸引力和影响力，营造口口相传的流行氛围，刺激人们的消费欲望，让浏览者成为消费者。

3.2.1 H5 模板：让引流变得更加简单

大品牌在营销推广上非常舍得投资，并不缺少资金和创意，但有时候完全没必要投入过多资金，我们只需要运用一些简单的 H5 模板，即可轻松完成引流目标。

荣耀手机在 2020 年发布的"倾心世界之旅邀请函"H5 页面，就采用了一镜到底的设计制作方法，用漫画的方式描绘出世界各地的景色，用户只需双指操作，缩放画面拉近世界，快速转换屏幕中展现的地点，按住屏幕下方的按钮即可"加速直达荣耀春夏秀"，如图 3-22 所示。

图 3-22 "倾心世界之旅邀请函"H5 页面

那么，对于这种一镜到底的 H5 页面，制作者又该怎么设计制作呢？实际上，可以利用 H5 制作平台的模板，快速设计制作出品牌所需的 H5 页面。图 3-23 所示为人人秀平台上的"一镜到底"插件按钮。

单击"一镜到底"按钮之后，制作者单击右侧的"增加背景图"按钮，从平台图库或者自己电脑中挑选合适的背景图作为一镜到底的素材，如图 3-24 所示。

其实，H5 制作平台不仅提供活动插件的模板，还有许多已经制作完成的 H5 页面模板供制作者选择。制作者在制作 H5 页面的时候，可以根据自己实际需要选择合适的模板，替换其中的图片、文字等元素即可制作出适合品牌的 H5 页面。通过使用平台提供的模板，可以让 H5 的制作更加简单、便捷。图 3-25

所示为凡科互动（左）和人人秀（右）提供的部分模板。

图 3-23 "一镜到底"插件按钮

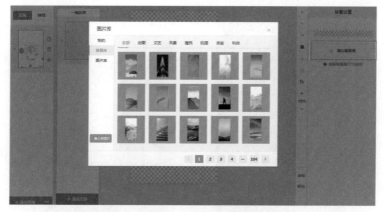

图 3-24 单击"增加背景图"按钮

图 3-25 凡科互动（左）和人人秀（右）提供的部分模板

3.2.2　自定义兑奖码：让引流更具吸引力

许多品牌在引流时，会通过微信发放优惠券进行推广，此时，可以利用 H5 活动的自定义兑奖码发放优惠券，这样不仅能够更好地与用户进行互动，还能够增加他们对品牌的认识。

以凡科互动为例，创建一个 H5 小游戏，首先，品牌引流时建议选择难度低的游戏或趣味性强的竞技活动，如"上菜大匹配"，H5 小游戏，并在其中植入品牌元素，如图 3-26 所示。

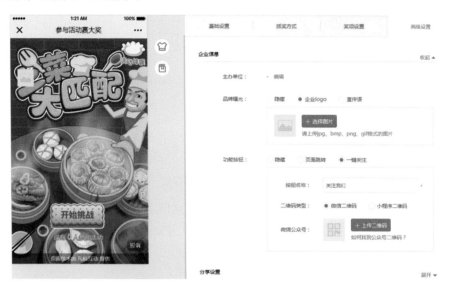

图 3-26　"上菜大匹配"H5 小游戏模板

其次，设置自定义兑奖码，品牌商家首先需要在自己的品牌商城设置相应的兑换码，然后将其导出，并在 H5 的"奖项设置"|"生成券号"一栏导入兑换码，将兑奖选项中的操作提示内容修改为"进入下方的商城地址兑换"。

最后，生成微信卡券，便于用户收藏到微信卡包。用户中奖时，即可获得品牌商城的兑奖码，引导他们进入商城输入兑奖码，换取相应的购物优惠券。

3.2.3　联系客服，通过激励用户引流

对于那些没有电子优惠券的小品牌商家来说，兑奖码引流无法实现。但是，小品牌商家也可以利用 H5 推广，让用户直接联系客服领取奖品，从而实现引流操作。

以凡科互动为例，创建一个 H5 小游戏，并植入品牌元素。切换到"奖项设置"选项卡，将"奖品类型"设置为"礼品"，然后在下方将"兑奖方式"设置为"线

下兑奖"，并在"操作提示"中提醒中奖用户凭券联系现场工作人员兑奖，如图 3-27 所示。

图 3-27　设置线下兑奖

需要注意的是，微信的外链新管理规范不支持链接跳转至外部 App 或者下载 App，因此，如果制作者选择的兑奖方式是"网页兑奖"，操作提示中插入的网址链接最好是微信小程序的网址链接。

3.3　品牌推广：全面传达品牌调性

品牌商家可以通过 VR 和红包等互动性极强的 H5 活动进行品牌宣传，不仅可以让用户有身临其境的互动体验，还能更好地传达品牌调性，快速提升品牌知名度。

3.3.1　VR 全景＋红包：瞬间提高品牌知名度

"VR 全景＋红包"的 H5 结合方式，非常适合房地产、家装和旅游行业的品牌推广，不仅可以轻松实现身临现场的 VR 看房、VR 家装和 VR 购物等活动，还能让用户在 VR 全景中搜寻红包，增加 H5 的趣味性和活动性。

图 3-28 所示为爱奇艺 2020 年发布的"i71 艺术展"H5 宣传页面，其采用了 VR 全景的模式，让每一位看到的用户都有身临其境之感。

在这个名为"i71 艺术展"的 H5 宣传页面中，用户可以尽情参观纯白艺术馆，点击感兴趣的艺术品，即可了解相关信息及其周边产品，转动手机便可看到艺术馆中不同的场景，十分具有代入感。

图 3-28　"i71 艺术展"H5 宣传页面

当然，如果制作者想让 H5 页面取得更好的品牌推广效果，可以在 VR 全景中添加小红包，吸引用户在 H5 页面上停留更长时间，并对品牌有更多的了解。

制作 H5 页面的 VR 全景并不难，在许多 H5 制作平台上都有 VR 全景的互动插件。以人人秀为例，在创建 VR 全景展示前，需要先拍摄并制作好样板间的 VR 全景图片，然后在 H5 后台上传全部的 VR 图片，并添加 VR 全景插件，如图 3-29 所示。

图 3-29　添加 VR 全景插件

单击"VR 全景图设置"按钮，弹出 VR 设置对话框，单击"＋"按钮就可以添加 VR 全景照片，除此之外，还能设置标题、热点、导览、视角和删除等操作，如图 3-30 所示。

图 3-30　VR 全景图设置

另外，制作者还可以在"全景设置"选项卡中添加热点和弹框，并在弹框中插入红包，红包金额可以根据品牌自身情况来设置，如图 3-31 所示。

图 3-31　添加热点和弹框

如果将热点功能与红包口令功能组合使用，就能实现 VR 场景抢红包的深度互动。用户不仅可以 720° 全角欣赏 VR 全景，还可以在场景中抢红包，能极快地提高品牌知名度，扩大品牌影响力。

3.3.2　语音红包：迅速打响品牌标语

语音红包活动不仅用来实现公众号吸粉，也非常适用于打响品牌标语，使品牌给用户留下深刻的印象。

龙湖紫宸为了打响品牌，快速售出楼盘，推出了"紫宸语音红包"的 H5 活动，从而在自身品牌的基础上强调新楼盘的开售，让全新品牌形象充分展现出来，如图 3-32 所示。

图 3-32　"紫宸语音红包" H5 活动

"紫宸语音红包" H5 页面用耀眼的金色作为主色调，用沉稳的深蓝色作为背景色，看起来十分大气，语音游戏的形式也十分新颖，用户按住录音按钮朗读文字，契合度达到 80% 就可以领取红包，充分调动了用户的积极性。

另外，H5 活动中需要用户朗读的文字也是品牌的宣传口号，迅速推广了品牌的宣传标语，让每一位用户对品牌印象深刻。

3.3.3　植入广告：全方位地扩散品牌

品牌商家在做 H5 推广活动时，都希望品牌能够得到最大限度的曝光，其实除了 H5 活动中的品牌元素设计外，还有很多绝佳的广告位置，包括广告页、首页、游戏页、摇奖页、中奖页和没有中奖页等。

（1）广告页：这是品牌宣传的最佳位置。以凡科互动为例，可以在 H5 后台开启广告页功能，如图 3-33 所示。

图 3-33　开启广告页功能

（2）首页：H5 的首页主要展示活动主题，这是大家进入 H5 后看到的第一个页面，一定要足够吸引人。

（3）游戏页：企业可以选择与自身定位相符的游戏类型，很好地营造品牌氛围，这样就能够激发消费者的购买欲望。

（4）摇奖页：企业可以将摇奖页的图标更换为企业品牌图标，单击"＋上传替换"按钮即可在相册中选择合适图片，如图 3-34 所示。

图 3-34　单击"＋上传替换"按钮

（5）中奖页：中奖页不仅可以上传不同奖项的图案，也可以将品牌商家的产品作为奖品，起到宣传作用。

（6）没有中奖页：将没有中奖的图标替换为企业品牌图标，以全方位、有效地扩大品牌知名度。

3.4 品牌认同：提高顾客品牌认知度

什么是品牌认同？品牌认同，就是指消费者认为商品或服务的品牌有用或有价值。一个品牌，最重要的是消费者对品牌价值观的认可。当一个企业品牌通过宣传推广赢得大量粉丝关注后，还需要通过一些 H5 营销策略提高粉丝对品牌的认知度，或者利用现场活动来增加粉丝对品牌的认同感，从而让品牌特色深入人心。

3.4.1 答题红包：让用户了解品牌知识

在 H5 活动中，"答题 + 红包"的玩法非常适合新品牌的推广，可以有效地向用户灌输品牌知识，增加用户对品牌的认知。

例如，简豆科技出品的一个名为"我不是小学生"的 H5 答题活动，用户参与答题，不仅能检测自己的知识储备，还能获得简豆金币奖励，从而大大增加了简豆科技与用户之间的互动，用户对简豆科技也有了一个更为深刻的认知，如图 3-35 所示。

图 3-35 "我不是小学生"H5 答题活动

简豆科技在设置答题活动时，减少了需要回答的题目，只有 5 个题目，极大地节省了用户的时间。图 3-36 所示为 H5 答题红包活动的三点运营技巧。

H5 答题红包活动	题目难度设置合理，题目数量少，不会给用户带来太多困扰
	魔性的画风和金币、答题海报奖励，对用户有很大的吸引力
	通过微信公众号和渠道文章发布活动，快速、精准地吸引用户

图 3-36　H5 答题红包活动的三点运营技巧

用户玩答题游戏时，通常会通过反复答题记住答案，直到将题目全部答对为止。因此，H5 页面的制作者在设置题目数量时，需要注意以下两点事项。

（1）题目设置过多：会增加游戏的难度和用户的时间成本，耐心不足的用户容易放弃。

（2）题目设置过少：用户很容易就记住所有的答案，这样会极大减少品牌的曝光次数，削弱推广效果。

3.4.2　品牌调性：用 H5 打响品牌知名度

品牌调性是基于品牌的外在表现形成的一种市场印象，从品牌人格化的角度来讲，等同于人的性格。H5 活动可以很好地突出品牌调性，打响品牌知名度。

为了打响自身品牌招聘会的知名度，雅居乐地产在其出品的"Pick 你最爱的 HR"H5 投票活动中，用纵向长图展现了 16 位人力资源（human resource，HR）的风貌，用户点击动漫小人即可为自己心仪的 HR 投票，如图 3-37 所示。

图 3-37　"Pick 你最爱的 HR"H5 投票活动

雅居乐地产此次活动是为了推广它的校园招聘，并向用户展示其活泼、有创意的企业风貌，活动主题紧扣品牌定位。同时，雅居乐地产选择的活动方式是照片投票，用户只需点击卡通小人，即可看到 HR 的照片、简介及其面试风格，从而吸引更多应届生前往公司应聘。

3.4.3　线上传播：让品牌深入人心

在 H5 页面中，还有很多品牌曝光的设置，可以让企业的品牌在这种互动传播中更加深入人心。同时，企业还可以在 H5 中建立专门的品牌历史页面，将品牌信息展现出来。另外，企业也可以将品牌元素融入各种互动活动或者小游戏中，潜移默化中将品牌深深植入用户心中，使他们对品牌产生认同感。

3.5　品牌维护：巩固品牌市场地位

企业在运营中，为了应对外部环境的变化给品牌造成的不利影响，通常需要进行一些品牌维护活动，以此来维持品牌形象，提升品牌的市场地位和品牌价值。对于那些本身就拥有很好口碑的品牌来说，可以将产品嵌入 H5 小游戏，来维护其良好的品牌形象，使品牌与用户的联系更加紧密。

3.5.1　品牌促销：有效提高品牌口碑

品牌促销活动，是指企业运用各种短期诱因鼓励消费者购买企业的产品和服务的销售活动，是维护品牌热度常用的一种活动形式，借用 H5 来快速实现。

例如，每年的"双十一"期间，很多品牌都会推出诱人的促销活动，因此成为消费者购物狂欢的节日。飞利浦为了宣传"双十一"的集赞活动推出了"你的梦想被拖后腿了吗？"的 H5 答题活动，用户在 H5 页面答完题之后，就有机会用优惠价购买到产品，将 H5 分享给好友或者在微信朋友圈集赞，更有机会获得手机等奖品，如图 3-38 所示。

飞利浦根据自身行业的特点，选择使用吸引人眼球的亮黄色为主色调，手绘的黑白漫画以及卡通字体，使页面更加活泼可爱。答完题后，后台根据用户选择匹配的关键字，如"懒""穷"等，点击"拯救梦想"即可查看"圆梦 11·11"活动。

飞利浦的这次 H5 活动，不仅很好地宣传了自身品牌的优惠活动，吸引更多用户购买产品，而且还为"圆梦 11·11"的集赞活动做了预热，使得活动一经开展，便十分火爆。

图 3-38 "你的梦想被拖后腿了吗？"H5 答题活动

3.5.2 日常维护：增加品牌曝光度

品牌维护包括打造口碑、品牌占位和提升成交三个方面，这些都可以通过 H5 来实现，让品牌更好地融入人们的生活，同时也可以 24 小时传播产品，从而大大增加品牌曝光度。

为了增加品牌的曝光度，H5 页面的制作者可以采用 H5 制作平台的小游戏模板，将小游戏的相关图标更换为企业品牌的图标。添加小游戏插件并更换图标的操作前文已经讲过，这里不再赘述。

另外，为了实现品牌的日常维护，企业可以将小游戏的链接放在公众号或者制作成小程序，从而吸引更多新、老客户。参与 H5 活动的老客户都是品牌的忠实粉丝，这样可以大大提高用户的留存率，加深用户对品牌的印象，维系品牌感知度。

第 4 章

H5 制作工具：移动 H5 的设计与制作

学前提示

  H5 是目前覆盖领域最广的传播媒介，因为其跨平台的优势可以显著地降低开发与运营成本。

  本章主要介绍 H5 设计的常用工具，包括基于互联网平台的 H5 开发工具、基于应用软件的 H5 设计工具以及选择 H5 的工具组合形式等内容。

要点提示

- 设计方法：3 种途径设计 H5 页面
- 元素设计：H5 的图形、图像、影音
- 动画设计：为 H5 制作吸人眼球的动画
- 技术实现：H5 的定制与开发
- 快速套用：提供 H5 模板的各大平台
- 创意设计：灵活进行 H5 开发
- 组合使用：选择 H5 的工具组合形式
- 省时省力：H5 设计常用的辅助工具

4.1 设计方法：3 种途径设计 H5 页面

随着移动互联网的高速发展，人们的生活质量越来越高，手机的功能也越来越强大，人们对移动端的展现能力也就有了更多的需求。因此，我们需要设计为人们带来更好体验的 H5 页面。

接下来，主要从设计方法上为大家分析 H5 移动设计的 3 种重要途径，如图 4-1 所示。

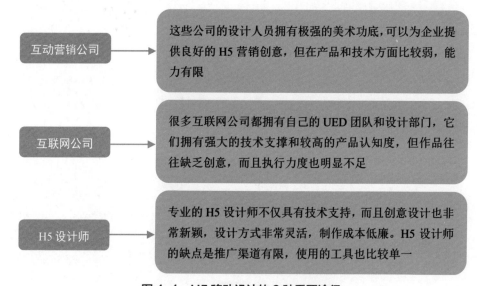

互动营销公司	这些公司的设计人员拥有极强的美术功底，可以为企业提供良好的 H5 营销创意，但在产品和技术方面比较弱，能力有限
互联网公司	很多互联网公司都拥有自己的 UED 团队和设计部门，它们拥有强大的技术支撑和较高的产品认知度，但作品往往缺乏创意，而且执行力度也明显不足
H5 设计师	专业的 H5 设计师不仅具有技术支持，而且创意设计也非常新颖，设计方式非常灵活，制作成本低廉。H5 设计师的缺点是推广渠道有限，使用的工具也比较单一

图 4-1　H5 移动设计的 3 种重要途径

专家提醒

用户体验设计（user experience design，UED），是以用户为中心的一种设计手段，以用户需求为目的而进行的设计。

UED 团队通常包括以下职位。

- 交互设计师（interaction designer）：参与完成对产品与用户之间的互动机制的设计师，即定义人造物的行为方式的工作者。

- 视觉设计师（vision designer）：通过视觉形象将品牌理念和营销目的传达给消费者，起着沟通企业—商品—消费者桥梁的作用。

- 用户体验设计师（user experience designer）：参与用户体验设计的从业者。

- 用户界面设计师(user interface designer)：对 H5 的人机交互、操作逻辑、界面美观进行整体设计的从业者。
- 前端开发工程师（web developer）：负责利用（X）HTML、CSS、JavaScript 以及 Flash 等各种 Web 技术进行客户端产品的开发。

4.2　元素设计：H5 的图形、图像、影音

由于 H5 发展迅速，如今它已逐渐成为涵盖领域最广的一种传播媒介，几乎无处不在。正因如此，H5 所涉及的设计工具种类也十分庞杂。伴随着 H5 的盛行，多数 H5 页面的设计师都是从其他相关行业跨入这个领域的。因为专业的 H5 生成平台存在同质化，很难做出理想的效果，所以即使是有设计功底的 H5 设计师，也要根据自身的优势来选择工具进行学习与制作，从而达到想要的 H5 效果。

目前，H5 设计领域还没有统一的设计工具，需要结合多种软件来设计制作，本书将列举一些常用的图形、图像和影音开发工具。

4.2.1　Adobe Photoshop：强大的综合应用软件

Adobe Photoshop（PS），在 Adobe 的产品线里是个极为强大的综合应用软件，它对每个设计师来说都不陌生。图 4-2 所示为 Adobe Photoshop CC 2020 的启动页面。

图 4-2　Adobe Photoshop CC 2020 的启动页面

随着 H5 的流行，设计师逐渐发现在 H5 领域中，PS 可谓"万能工具"，以往，PS 常常用于矢量图的绘制以及图像处理，声音或视频之类的编辑处理它都是不可能完成的。

但 Photoshop CC 发布之后，所新增的"时间轴"功能，使得 PS 不但可以用于矢量图的绘制，还能对视频和声音进行编辑，添加一定难度的动效和简单的特效命令，而这些基本的操作恰好就可以满足设计 H5 的常规需求。

4.2.2　Adobe Illustrator：便于线框图的绘制

Illustrator 全称 Adobe Illustrator（AI），在 Adobe 的产品线里，甚至是全球，都是最著名的矢量图形软件。与 Photoshop 不同的是，Illustrator 作为专业的矢量绘制软件，在 H5 的设计上便于线框图的绘制，避免了 Photoshop 多图层来回操作的烦琐，同时，AI 的使用能够让 H5 页面在字体设计上展现很强的优势。图 4-3 所示为 Adobe Illustrator CC 2020 的启动页面。

图 4-3　Adobe Illustrator CC 2020 的启动页面

图 4-4 所示为采用矢量图形设计的 H5 页面。

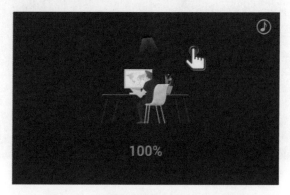

图 4-4　采用矢量图形设计的 H5 页面

4.2.3　Sketch：矢量图设计工具

　　Sketch 是一款轻量化、易用的矢量图设计工具，其让 UI 设计更加简单、高效。Sketch 的设计基于多层次的绘图空间和无限的规模，独特的颜色、完美的运算让设计师设计的图更加精细，是一款很好的 H5 辅助工具，如图 4-5 所示。

图 4-5　Sketch 软件界面

4.2.4　Adobe After Effects：图形视频处理软件

　　After Effects 全称 Adobe After Effects（AE），是 Adobe 公司推出的一款图形视频处理软件。AE 可以创建各种引人注目的动态图和震撼的视觉效果，为 H5 页面添加令人耳目一新的效果，属于视频后期处理软件，如图 4-6 所示。

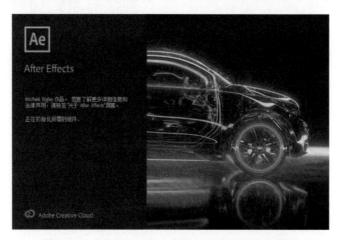

图 4-6　Adobe After Effects 2020 启动页面

4.2.5　CINEMA 4D：制作酷炫的 3D 效果

　　CINEMA 4D 是指"4D 电影"，但其本身是 3D 表现，且拥有着极快的运算速度和强大的渲染插件，是由德国 Maxon Computer 开发的。图 4-7 所示为 CINEMA 4D 制作的 3D 渲染图。

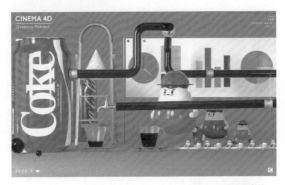

图 4-7　CINEMA 4D 制作的 3D 渲染图

　　AE 和 CINEMA 4D 是包装设计行业里最好的搭配。基于 H5 的跨平台特性，我们可以结合这些特效软件制作炫酷的效果，然后导出画面植入 H5 中。

4.2.6　Final Cut Pro：进行后期制作

　　Final Cut Pro 是苹果公司开发的一款专业视频非线性编辑软件，包含了后期制作所需的一切功能，如图 4-8 所示。

图 4-8　Final Cut Pro 软件

4.2.7　Garage Band：数码音乐创作软件

　　Garage Band 是一款由苹果公司推出的数码音乐创作的软件，是 Mac 的应用程序套装 iLife 的一部分，如图 4-9 所示。即使是业余的爱好者，也能使用 Garage Band 软件轻松制作各种音乐效果，在 H5 的背景音频设计方面非常实用。

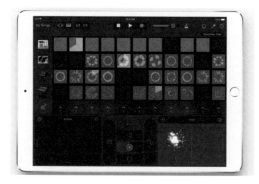

图 4-9　**Garage Band** 软件

4.3　动画设计：为 H5 制作吸人眼球的动画

在 H5 的展示过程中，通常会制作大量的动态效果吸引用户眼球，本书将介绍一些非常简单、实用的演示动画制作工具实现动态效果。

4.3.1　Keynote：设计吸引人的 PPT

Keynote/PowerPoint（PPT），是最简单的原型演示工具。

Keynote 是 2003 年苹果公司推出的适用于 Mac 操作系统的一款演示幻灯片应用软件，与 PPT 不同的是，Keynote 软件能够使页面和设计更图形化，因其操作简单，功能繁多，很多知名企业都在使用。但秉承着苹果一贯的风格，Keynote 软件只有 Mac 系统可以使用，不过，PC 用户也可以使用 PPT 来做辅助的效果演示。

图 4-10 所示为 Keynote 的宣传页面。

图 4-10　**Keynote** 的宣传页面

专家提醒

　　PPT 是由微软公司开发的一款演示文稿软件，使用 PPT 设计的文件叫作演示文稿，其中俗称的幻灯片就是演示文稿中的每一页，演示文稿可以在投影仪或计算机上演示，也可以打印制作成胶片应用到更广泛的领域中。

4.3.2　HYPE：做出悦目的动画效果

　　HYPE 是一款适用于 Mac 操作系统的 HTML5 创作工具，主打 H5 设计的移动端软件，擅长做出悦目的动画效果。其不仅包含了动效功能，还加入了时间轴和动力学模块这样的高级命令，同时还可以将 H5 页面直接生成代码，以及自主响应式设计。图 4-11 所示为 HYPE 软件的主页面。

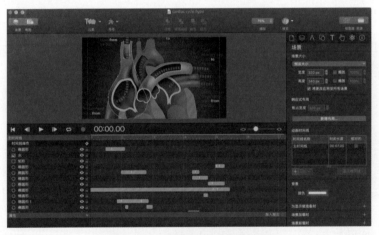

图 4-11　HYPE 软件的主页面

4.4　技术实现：H5 的定制与开发

　　H5 具有非常强大的定制与开发功能，企业可以定制与开发各种 H5 模板、插件和游戏等，满足更多精确、深度、个性化的营销需求。通常，这些定制化的 H5 设计工作都是由前端工程师来完成，当然，制作者也需要适当了解一些工具和技术，以便更好地配合前端工程师，从而充分发挥自己的创作。

4.4.1　FWA：设计领域的前沿标杆

　　Favourite Website Awards（FWA）是一个收录并展示世界上优秀网络

媒体艺术设计作品的平台，上面收录的作品也成了设计领域的标杆，被设计师竞相追捧。图 4-12 所示为 FWA 平台收录的作品。

图 4-12　FWA 平台收录的作品

FWA 平台每月进行评选，最佳作品被标上 FWA 角标，这是不少设计师梦寐以求的标识。

4.4.2　W3school：学习 H5 的基本代码知识

W3school 是一个专业的编程入门学习及技术文档查询网站，提供包括 HTML、CSS、JavaScript、jQuery、C、PHP、Java、Python、SQL 以及 MySQL 等编程语言和开源技术的在线教程及使用手册，如图 4-13 所示。

图 4-13　W3school 平台

"请查收，来自太空的诗"是人民日报新媒体和网易文创联合推出的宣传中国航空航天技术的 H5 页面，如图 4-14 所示。这个 H5 背后采用了大量 H5 代码实现，例如，ThreeJS ＋ VueJS ＋ swiperJS。

图 4-14 "请查收，来自太空的诗" H5 页面

因此，对于 H5 设计制作者来说，虽然不需要学习这些代码技术如何使用，但一定要知道它们的基本功能和用法，并将它们运用到自己的 H5 作品中，制作出更加精彩的 H5 效果。

4.5 快速套用：提供 H5 模板的各大平台

在移动互联网时代，H5 已经越来越被大家看重，与此同时，各种 H5 制作平台和工具也横空出世，为 H5 营销人员提供了大量的创作工具。对于 H5 营销人员来说，只有了解这些平台的特征，才能在营销过程中让它们更好地为己所用，从而更好、更快地创作出优秀的 H5 作品。

4.5.1 人人秀：快速上手制作 H5

人人秀可以帮助用户制作各种 H5 页面、微场景、创意海报、微杂志、微信邀请函、场景应用、微信贺卡，即使是不懂设计、不会编程的新手，也可以快速上手，如图 4-15 所示。

人人秀有以下主要功能。

（1）强大的微信活动功能，微信运营、微信营销、微信红包、微信投票、H5 小游戏、VR 全景、朋友圈营销等，帮助企业快速涨粉。

图 4-15　人人秀主页

（2）简单的操作体验，用户可以简单、快速地通过图片替换、内容编辑，像制作 PPT 一样简单，创建属于自己的 H5 作品。

（3）精准的数据统计，为 H5 营销提供多维度、实时的监测数据，如访客停留时间与阅读深度分析、地理访问量等。

（4）海量模板作品展示，网站共有 5000 多个模板，每周都在更新，而且每天有 10000 多人发布人人秀作品。

人人秀的"互动"界面中提供了 100 多种营销插件，如微信红包、新年签、拼团抽奖、VR 全景图、微信群聊、朋友圈及各种小游戏等，用户通过简单的拖曳操作，即可轻松调用这些插件，实现更好的营销功能，如图 4-16 所示。

图 4-16　人人秀的"互动"对话框

在"模板商店"页面中，人人秀按照 H5 的用途、行业、功能和活动进行分类，导航功能非常全面、清晰，而且还支持自由搜索功能，如图 4-17 所示。同时，针对新用户和企业会员等不同层次的用户，人人秀还提供了相关的福利，极大地增强了对用户的吸引力。

图 4-17　人人秀的"模板商店"页面

人人秀的"作品秀"页面中列出了很多互联网、影视、银行、航空、家电以及学校等不同行业的优秀 H5 营销方案，如华为、腾讯、百度、阿里巴巴、口碑网、爱奇艺以及网易等，以帮助大家更好地了解和学习这些企业的 H5 营销特色。

另外，人人秀的"用途"板块为用户提供了"一站式"的现场活动营销服务，如图 4-18 所示。用户可以根据活动的需要选择相应的模板，从而更加方便、快捷地制作出 H5 页面。

图 4-18　人人秀的"用途"板块

在人人秀平台发布作品成功后，会自动跳转至分享推广界面，同时也会出现作品打分，人人秀系统将从作品丰富度、功能丰富度、作品安全性、浏览流畅度以及版权完整度等多个方面对作品进行综合测评，帮助制作者更好地修改和完善作品。

4.5.2 易企秀：海量的 H5 场景模板

易企秀提供海量的 H5 场景模板，可以帮助用户轻松制作 H5，如图 4-19 所示。

图 4-19　易企秀主页

易企秀的主要优势和特点如图 4-20 所示。

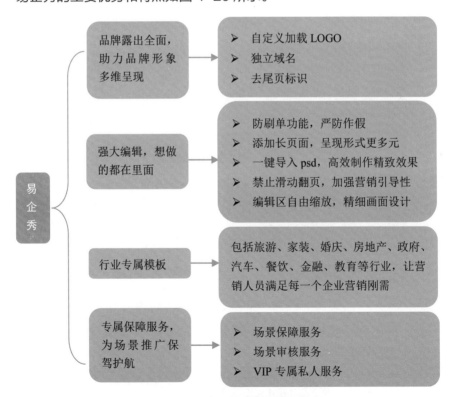

图 4-20　易企秀的主要优势和特点

下面，对易企秀的一些特殊功能进行介绍。

（1）自定义加载 LOGO 功能，用户可以将载入 H5 场景的易企秀 LOGO 替换为企业品牌 LOGO 或自定义图片，生动传播第一印象，彰显品牌实力。

（2）独立域名，包括自定义场景链接、优化爬虫结果、占领搜索引擎高地。

（3）去尾页标识，去除场景默认尾页提示，增强传播内容整体性，从而更好地突出品牌概念。

（4）场景保障服务，易企秀具有独立场景服务器和 CND 加速服务，让 H5 场景的访问更迅速、更稳定，全面保障传播路径。

（5）场景审核服务，双重审核机制规避传播平台内容限制风险，并且具有场景前置审核、审核关闭短信提醒、驳回加急审核等功能。

（6）VIP 专属私人服务，包括专享客服热线及会员培训等，高效解决 H5 制作及其他使用问题。

易企秀的"免费模板"页面具有完善的导航功能和搜索功能，同时模板的热点性非常强，使用体验非常好。其中，值得一提的是，易企秀还增加了"营销日历"的搜索功能，可以帮助企业快速锁定近期的 H5 营销活动，不错过任何热点，如图 4-21 所示。除了 H5 模板外，易企秀还提供了较为完整的移动互联网广告投放平台，包括腾讯联盟广告、公众号广告、朋友圈广告、App 广告等。

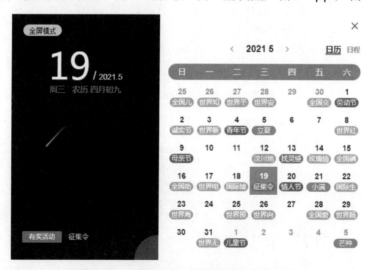

图 4-21　易企秀的"营销日历"搜索功能

另外，易企秀还借鉴了自媒体的运营模式，加入"秀场""秀客"等平台，帮助 H5 设计师聚集粉丝，吸引企业关注，增加收入。"秀客"，是指那些在"秀场"平台上展示高端 H5 场景的设计师以及各种广告、代理等服务商，解决企业的广告场景定制服务问题，如图 4-22 所示。

图 4-22 "秀客"平台

"秀客"的 H5 作品多为原创，而且其中必须加入一页定制场景，如企业广告、招聘信息、企业品牌故事、产品推广信息、企业故事或者易企秀官方活动场景等。

4.5.3 兔展：专注 H5 技术实现

兔展（rabbitpre），是一个专注 H5 的专业制作平台，包括微场景、微页、微杂志、微信邀请函、短视频等，帮助用户制作炫酷的移动效果，如图 4-23 所示。

图 4-23 兔展主页

1. 功能与特色

兔展的主要功能与特色如下。

（1）热门模版，一分钟快速制作 H5。

● 精品企业邀请函。

- 热门节日活动必备品。
- 品牌推广精品。
- 活动报名招聘精品。

（2）海量资深设计，拥有 23 万名资深设计师，提供高质量、高效益，既快捷又方便的平面设计服务。

- 公司化运营，团队化协作，专业级定制。
- 提供快捷、高效的移动端自营销场景定制服务。

（3）全渠道精准传播，释放营销潜力，将活动发布到论坛、QQ 群、微信群、线下实体店及其他渠道，无缝连接线上、线下，并统计各个渠道的数据，帮助企业精准筛选潜在用户。

（4）营销有数，以数据为依据的营销。

- 传播评价：自传播水平、页面水平、投放渠道。
- 传播数据指标：浏览量、访客量、分享率。

（5）数字营销服务，高效连接用户。

- H5 专业定制：打破常规创意，制作引发共鸣的文案和场景，个性化的视觉风格设计。
- 品牌曝光渠道：打通微信媒介，锁定精准人群进行投放，实现增粉引流。
- 数字资产沉淀：分析传播分享效果，从中筛选有效的渠道，快速刻画用户数字画像。

（6）企业管理服务，全面提高管理效率。对企业的产品、用户群体以及营销场景进行全面分析，然后整合和管理营销内容和渠道，加强企业与用户的关系，以实现营销成本的降低。

2. 模板类型

兔展的 H5 模板主要包括推荐模板、翻页、长页、玩法、短视频、会员专享以及会员专区等类型，聚集了各种 H5 的常见应用场景，如会议邀请、企业宣传、产品介绍、企业招聘、品牌推广、报名培训、总结汇报、节日推广、新品发布等，如图 4-24 所示。

其中，"长页"模板可以实现"一页到底"的便捷移动推广，这里主要是一些 H5 长页面，通常以静态展示为主。在"会员专享"模块，企业可以购买相应套餐，享受更多的企业服务，包括各种精选的限时免费模板，共享企业模板和素材，以及使用大数据进行 H5 传播分析。

| 推荐 | 翻页 | 长页 | 玩法 NEW | 短视频 | 会员专享 | 会员专区 | 已收藏模板 |

用途	全部	会议邀请	企业宣传	产品介绍	企业招聘	品牌推广	报名培训	总结汇报	节日推广	新品发布
行业	全部	金融/银行	教育/培训	互联网/IT	电商/微商	餐饮/食品	媒体/广告	地产	婚庆	旅游/景区
热点	全部	520情人节	24节气	其他
个人	全部	生日	祝福	请帖	聚会	简历	贺卡	游记	情感	相册	毕业季	表白	投票	其他
其他	风格 全部 ▼	色调 全部 ▼	价格 全部 ▼	折扣 全部 ▼	立减 全部 ▼
	TOP10 全部 ▼

最热　最新

图 4-24　兔展 H5 模板

4.5.4　MAKA：简单强大的在线创作平台

MAKA 是一个简单、强大的 HTML5 在线创作平台，创造了一款极致的互动营销工具，目前网站有 60 多万个可商用素材，20 多万个优质模板，100 多个商用字体，提供实时数据分析和商业雷达，是一个十分实用的 H5 制作平台，如图 4-25 所示。

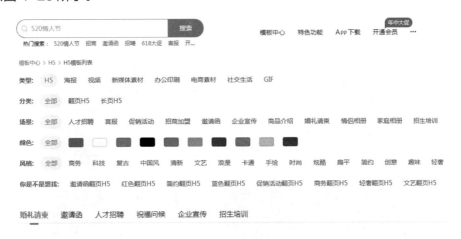

图 4-25　MAKA 主页

MAKA 的主要特色是提供了海量的视频模板，类型覆盖各行各业的不同应用场景，可以满足用户的多方位需求，如图 4-26 所示。用户只需在 MAKA 的模版商城根据需求筛选模版，将鼠标移动至对应的模版封面上，单击"马上使用"按钮即可应用。模版具有完整的行业结构逻辑，只要进行小小的改动即可立刻传播。

图 4-26　MAKA 的视频模板

4.5.5　初页：音乐照片情感工具

"初页"，是北京七厘米科技有限公司开发的一款基于 H5 的音乐照片情感工具，是适用于个人用户进行 H5 内容发布的工具与社区软件，如图 4-27 所示。

图 4-27　"初页"主页

"初页"的主要特色是即使用户没有专业的技术，也能在电脑上通过几个简单步骤，制作出精美的海报。"初页"将 H5 页面拆分成模板、图片、文字和特效 4 个方面，用户可以自由选择模板，将手机中的图片随意加入，并且修改文字内容。图 4-28 所示为"初页"的手机小程序界面。

图 4-28 "初页"的手机小程序界面

4.6 创意设计：灵活进行 H5 开发

互联网功能类 H5 开发平台进行创意设计时，灵活度高，不仅可以套用模板，还能针对各种元素进行开发设计，以更好地满足自己的需求。本书绍两款典型的功能类 H5 开发平台：互动大师和意派 Epub 360。

4.6.1 互动大师：在线编辑交互内容

互动大师（iH5）前身是 VXPLO 互动大师，是一套非常专业的 H5 设计工具，用户可以在线编辑网页交互内容，作品支持各种移动端设备和主流浏览器。作为一款基于云端的网页 H5 交互设计工具，iH5 的优势是用户无须编码，通过可视化的操作，即可对 H5 页面进行在线编辑。图 4-29 所示为 iH5 的主页。

图 4-29 iH5 的主页

那么，iH5 主要有哪些优势和特点？笔者认为，可以从提供免费组件和快速实现客户价值这两个方面来看。

（1）免费组件。

- 所有基本组件：包括全景容器、地图工具、动画组件、物理引擎、排版容器、页面组件等。
- SVG 组件：可缩放的矢量图形、变形动画。
- 小模块组件：系统提示小模块、菜单小模块、日期小模块、数据图表小模块、开关小模块等。
- 其他组件：数据库和数据表组件，自定义 H5 外传域名。

（2）快速实现客户价值。

- 无限去 LOGO 流量包、无限次数据库导出、支持案例导出到本地服务器。
- H5 传播数据监测分析系统，支持 HTTPS 协议。
- 支持微信支付、微信红包功能，支持嵌入 JS/ 函数代码，API 组件、自定义 API、网页等。
- 支持主账号和子账号管理，提供独立企业用户咨询群快速解答疑问。
- 专属服务器和带宽支持。

专家提醒

　　iH5 看上去像一款制作前端 H5 的软件即服务（SaaS）产品，但本质上 iH5 集成了"前后端"所需的几乎所有功能，用户只需要学习 iH5 的制作就可以完成各种场景、游戏、App 的搭建，不需要任何代码基础。

iH5 提供了类别、场景和效果三个基本的导航功能，同时，它的每个导航功能菜单多且丰富，类别包括全部、官方模板和商业模板；场景包括邀请函、企业招聘、电商 / 相册、节日祝福、品牌展示等诸多类型，如图 4-30 所示。

图 4-30　iH5 的"模板精选"页面

iH5 是一款无须下载的设计开发工具，采用了物理引擎、数据库、直播流、SVG、Web App、多屏互动等技术，为用户带来"一站式"的 Web App 平台解决方案。

iH5 的制作页面与 PS 比较类似，如图 4-31 所示。

iH5 的制作页面最右边是对象树，它是 PS 软件中的图层。在对象树中，包括图片、视频、序列帧等素材元素，页面、对象组等容器元素，以及时间轴、数据库等功能性元素，这些都是构成 H5 的基本元素。

这些对象以树形的结构层层组织在一起，就构成了 H5 的骨架。当然，要搭建这个骨架，我们需要使用到最左边的工具栏，其位置也与 PS 类似，用来创建 H5 中的各种对象，像 PS 作图一样来制作 H5 页面。

图 4-31　iH5 的制作页面

4.6.2　意派 Epub360：专业的 H5 设计功能

意派 Epub360 具有非常专业的 H5 设计功能，可以满足企业的个性化设计需求，如图 4-32 所示。

那么，意派 Epub360 主要有哪些功能和特色呢？笔者认为，可以从动画控制、交互设定、社交应用和数据应用这 4 个方面来看。

（1）动画控制。

● 支持 SVG 变形动画。

● 支持 SVG 路径动画。

● 支持精细化序列帧动画控制。

● 支持关联控制。

图 4-32　意派 Epub360 主页

（2）交互设定，提供数十种 H5 触发器控制，如碰撞检测、拖曳交互和关联控制。

（3）社交应用，提供微信 JS-SDK 接口的支持，能够快速获取用户信息，结合评论、投票、助力、信息列表等进行设计。

（4）数据应用，具有一系列高级数据组件，如参数变量、条件判断、数据库等，可快速制作测试题、抽奖等游戏类 H5。

意派 Epub360 不仅具有多样化的动画设定与触发器设定功能，而且可以调用微信高级接口，不需要进行编程，即可轻松设计出具有经常交互功能的 H5 应用场景，其核心 H5 交互组件如表 4-1 所示。

表 4-1　意派 Epub360 的核心 H5 交互组件

组件名称	功能解析	功能应用
拖曳交互组件	具有逻辑判断的拖曳组件	制作拼图、智力问答 H5 作品
HTML 组件	支持嵌入网页、HTML 压缩包	方便与第三方应用功能整合
SVG 路径动画	支持 SVG 矢量图形	制作描边动画
序列帧组件	支持序列帧动画控制	进行序列帧的单帧细粒度交互
参数变量组件	使交互设计具有逻辑判断	支持"与""或"判断，提升交互级别
计时器组件	倒计时、正计时触发	可将时间纳入交互设计
微信拍照、录音	无须编程调用微信拍照接口	增强用户参与感
碰撞检测	可检测元素碰撞反馈	结合参数组件设计 H5 小游戏
信息列表组件	灵活的信息列表、游戏排行	实现排行榜、饼图、统计图表
助力、投票组件	营销传播利器	让用户参与互动传播

组件名称	功能解析	功能应用
高级交互表单	表单数据的展示、收集、交互、管理和分析	收集用户信息
系统参数	判断用户是否关注公众号，以及识别用户的手机系统	可针对不同的用户，进行区别化设计

图 4-33 所示为意派 Epub360 的"网站模板"页面，其中包括各大应用场景的模板，如厨具展示类、茶叶企业站、室内设计类等的 H5 模板。

图 4-33　意派 Epub360 的"网站模板"页面

另外，意派 Epub360 还将一些比较常用的 H5 应用场景，如答题测试、我画你猜、签到抽奖、手绘大赛、转盘抽奖以及图片投票等进行数据逻辑封装，用户只需要进行简单的逻辑配置，就可轻松享用专业级的 H5 数据应用。

4.7　组合使用：选择 H5 的工具组合形式

在 H5 的设计过程中，设计师可以根据设计要求的类别选取针对性强且自己能够掌握的工具进行组合搭配设计，如此可以大大提高工作效率，并达到所需要的效果。接下来，详细介绍如何正确选择 H5 的工具组合形式。

4.7.1　开发类 H5 的工具选择

如果设计要求非常复杂，除了简单的画面及元素外，还要添加视频、特效和音效时，可以采用 Photoshop + Illustrator + Final Cut Pro/Garage Band/PremierePro + Keynote / PPT 的组合搭配形式。

Photoshop 和 Illustrator 负责完成设计画面和字体；Final Cut Pro/ Garage Band/PremierePro 负责完成视频、声音的剪辑；Keynote/PPT 负责做演示，并与前端工程师沟通。

4.7.2　网站类 H5 的工具选择

同样地，对于网站类 H5，当内容表现简单时，我们可以采用 Photoshop ＋ H5 模板工具网站的组合搭配形式。Photoshop 负责完成设计画面，并保存为 PNG 格式图片，然后上传到 H5 模板工具网站，利用网站生成 H5。

当内容表现复杂时，我们可以采用 Photoshop ＋ Illustrator ＋ Final Cut Pro ＋ H5 模板工具网站的组合搭配形式。Photoshop ＋ Illustrator 负责设计需要分层的 PNG 图，Final Cut Pro 负责制作所需的声音和音频，最后通过 H5 模板工具网站生成最终效果。

专家提醒

随着时代的进步，智能手机已经成为大众普遍使用的通信工具，而 H5 的主要载体便是智能手机，除了在智能手机端浏览 H5 成为一种需求外，手机制作 H5 也已成为 H5 发展的一个趋势，众多 H5 制作平台纷纷推出手机端制作 H5，例如，人人秀推出的小程序制作工具便能够很好地解决在手机端制作 H5 的用户需求。

4.8　省时省力：H5 设计常用的辅助工具

随着 H5 的迅速发展，页面的要求已越来越高，设计一个好的 H5 页面除了一些常用的设计工具以外，辅助工具也是必不可少的。接下来，介绍几种设计 H5 时常用的辅助工具。

4.8.1　格式工厂：音频视频的格式转换

一个便携性、小容量的 H5 页面，视频、音效添加的大小也受到了限制，过大的视频、音效会导致整个页面数据过于庞大，加载缓慢，而此时，声音、视频压缩工具就对整个页面的音频起到了很大的辅助作用。

通常，我们会使用 PC 的格式工厂、Mac 的 Video Converter 和 Garage Band 等工具压缩音频，并将其植入 H5 作品中。图 4-34 所示为格式工厂的产品特性。格式工厂不仅能够压缩音频，还可以对不同页面使用的音频进行相对应的格式转换，方便页面加载音频。

图 4-34　格式工厂的产品特性

4.8.2　PS Play：手机端的 PS 浏览工具

大多数简单的 H5 效果都是 PS 制作出来的，因为受 PC 端软件的限制及其不易便携性，手机端能够方便浏览 PS 设计效果的移动软件——PS Play 应时而生，该软件还可以在预览设计效果时，同步调试并截图保存到手机端，并直接运用微信和 E-mail 等工具进行分享，如图 4-35 所示。

图 4-35　PS Play 的网站页面

4.8.3　tinypng.com：压缩过大图片文件

图片的大小与声音、视频的大小存在一样的问题，都是需要对过大的文件进行压缩才能植入 H5 页面，在 H5 页面设计过程中，最常用的图片压缩网站是 https://tinypng.com/，以及一款由腾讯出品的压缩工具平台——智图（http://

zhitu.isux.us/ ），如图 4-36 所示。

图 4-36　智图的网站页面

4.8.4　草料：生成二维码

如今，H5 已经成为涵盖领域非常广的传播媒介，大多数的 H5 成为广告推广的平台。那么，在制作广告推广页面时，主页的企业二维码必不可少。大多数互联网公司推出了很多二维码生成工具，图 4-37 所示为草料二维码生成器的网站页面。

图 4-37　草料二维码生成器的网站页面

第5章

H5 设计流程：移动 H5 的策划与开发

学前提示

对于 H5 营销人员来说，必须熟悉 H5 的制作和设计方法，如果连这都不懂，就不要谈什么 H5 营销了。这是营销人员必须掌握的基本功，只有练好这门基本功，才能制作出优秀的 H5 营销作品，才能让 H5 更好地进行分享传播。

要点提示

- 前期准备：让 H5 设计营销有备无患
- 程序设计：制作精美吸睛的 H5
- 测试分析：H5 的升华与完善

5.1 前期准备：让 H5 设计营销有备无患

制作一个 H5 之前，制作者需要做一些必要的准备工作，包括定目标、找热点和写策划等，做好这些准备工作，H5 的设计便事半功倍。

5.1.1 定目标：精准定位用户

首先，H5 的设计制作者要制定一个目标，就是制作一个什么样的 H5，用这个 H5 来实现什么目标。只有制定明确的目标，才能制作出一个令人满意的 H5 页面，如图 5-1 所示。

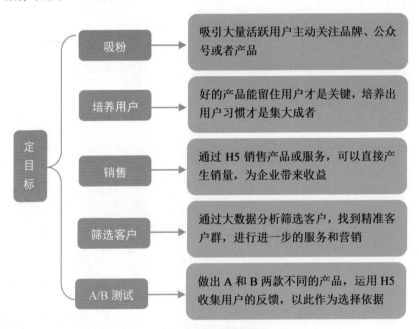

图 5-1 H5 的目标

对于 H5 营销来说，制定一个明确的目标是非常重要的工作，没有目标的营销就像无头苍蝇一样，很难有正确的方向。因此，制定 H5 营销目标的切入点主要就是从用户的角度出发，提出并解决问题，如图 5-2 所示。

专家提醒

在常见的做法中，制定目标的切入点还可以从借鉴的角度出发。对部分已经获得成功的 H5 作品进行分析，吸取设计的精华，从而确定其中的一个点，进行差异化创新，优异化制胜。

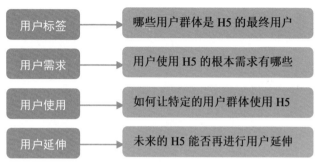

图 5-2　制定 H5 营销目标的切入点

5.1.2　找热点：进行火爆营销

H5 营销的时效性不长，因此，H5 页面的设计制作者在制订营销方案时，一定要紧抓当下的社会热点，让营销活动更及时地出现在用户的视野，而且这样也更加容易被用户主动搜索和接受，主要方法如图 5-3 所示。

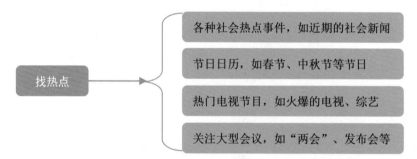

图 5-3　探索 H5 营销的潮流和方向的主要方法

例如，可以通过日历查看最近两个月的节假日。图 5-4 所示为 5—6 月的日历。

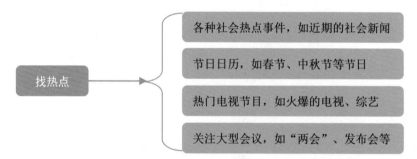

图 5-4　在日历中找热点

H5 营销要想吸引用户，就要让用户看到感兴趣的东西。而时事热点、热播电视剧以及热播综艺节目等就是用户容易关注、感兴趣的东西。

专家提醒

当然，为 H5 页面拟写一个有吸引力的标题也是非常重要的。可以说，H5 标题的重要性犹如企业的 LOGO，是整个 H5 作品的核心，它的好坏直接影响 H5 营销的成败。将时事热点和 H5 营销相结合，或者直接把热点内容嵌入 H5 标题中，对用户有更大的吸引力。

"30 秒，让你跨越两千年"就是三七互娱借着端午节这个热门节日推出的一个 H5 营销活动，通过 H5 小游戏分享端午节历史渊源的同时宣传自己的品牌，如图 5-5 所示。

图 5-5　"30 秒，让你跨越两千年"H5 作品

三七互娱的 H5 产品将自身品牌与传统的热门节日相结合，并且还为之拟写了一个十分有吸引力的标题。在标题中，H5 使用了两个时间单位——30 秒和两千年，很短和很长的时间产生了巨大的对比，让每一位看到的用户都对 H5 的内容感到好奇，想知道究竟如何在 30 秒的时间里跨越两千年。

5.1.3　写策划：全面把握 H5

在制作 H5 的策划书时，我们要尽量考虑营销活动过程的方方面面，并做好资金预算，保证营销活动能够按照计划一步一步落地实施，其主要内容如图 5-6 所示。

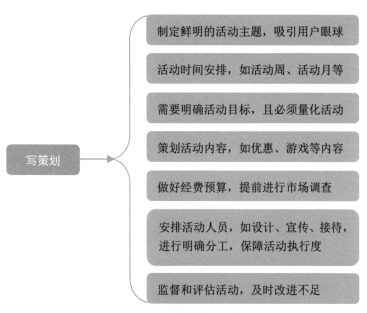

图 5-6 H5 策划的主要内容

当然，现在很多小型企业都采用外包的形式，即寻找一些专业的平台或者公司来进行策划。图 5-7 所示为专业的 H5 策划服务流程。

图 5-7 专业的 H5 策划服务流程

5.2 程序设计：制作精美吸睛的 H5

我们制定好营销目标以及做好相关的准备工作后，接下来，就可以动手制作 H5 页面的具体内容，包括选择模板、交互设计、视觉设计等工作。

5.2.1 选择模板：快速制作 H5 作品

例如，在人人秀中搜索"邀请函"，如图 5-8 所示。

企业可以根据自己的营销目标，在平台上选择合适的模板，快速制作出 H5 作品。

图 5-8 搜索"邀请函"

单击模板缩览图后，会弹出一个预览窗口，用户既可以扫描二维码在手机上查看活动模板，也可以通过电脑查看活动模板，如图 5-9 所示。

图 5-9 电脑查看活动模板

单击"立即使用"按钮，即可在人人秀编辑器中打开该模板，如图 5-10 所示。接下来，制作者就可以在该模板上快速进行二次开发设计。

图 5-10　使用活动模板

5.2.2　交互设计：让用户参与互动

交互设计是 H5 营销的重中之重，必须以用户体验为出发点来进行开发，着重设计 H5 的所有细节流程，尽可能将如何做活动、用户如何参与、游戏规则等都要写清楚，让用户的互动体验更加流畅。下面以人人秀为例，介绍设置抽奖活动交互设计的具体操作步骤。

步骤01 新建人人秀 H5 场景，并制作好作品的背景，单击屏幕上侧的"互动"按钮，如图 5-11 所示。

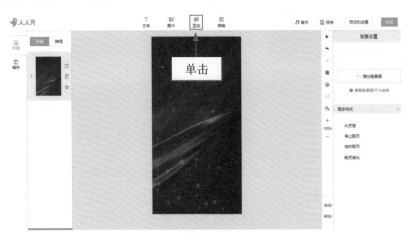

图 5-11　单击"互动"按钮

步骤02 在互动菜单中单击"抽奖"按钮，添加抽奖插件，如图 5-12 所示。

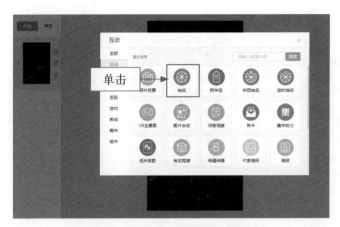

图 5-12　单击"抽奖"按钮

步骤03 添加抽奖插件后，在弹出的对话框中进行基本设置、奖品设置、高级设置和样式设置，以完善 H5 营销的抽奖互动活动，如图 5-13 所示。

图 5-13　进行 H5 营销抽奖设置

步骤04 设置完成后，单击"保存"按钮保存即可。

如果制作者不愿意一步一步地对抽奖插件进行设置，也可以使用人人秀平台准备好的精美的、方便的模板进行套用。

在人人秀提供的抽奖模板中，制作者只需根据自己的需要对模板中的图片进行相应的替换即可。制作者可以将图片替换为企业品牌的 LOGO，达到引流推广的目的，让用户对你的企业品牌印象深刻。图 5-14 所示为人人秀平台提供的 H5 抽奖模板。

H5 营销具有很强的盈利性质，一定程度上缩小了 H5 作品的用户定位范围，但是通过引发用户的兴趣进行互动仍然是营销的重要途径，如抽奖、红包或者小游戏等，这些都是吸引用户的重要方式。

图 5-14　H5 抽奖模板

5.2.3　视觉设计：让 H5 页面锦上添花

视觉设计主要是使 H5 页面更加精美，制作者可以通过对 H5 的图片、文字、音乐、视频等内容进行视觉化设计，以增加 H5 作品的美感，使其更加精美炫目。

下面以人人秀为例，介绍视觉设计的具体操作步骤。

步骤01　登录人人秀官网，单击"进入个人中心"按钮，如图 5-15 所示。

步骤02　单击"创建活动"按钮，创建新的 H5 页面，如图 5-16 所示。

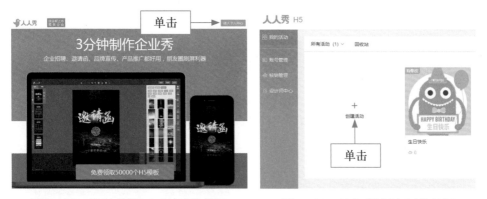

图 5-15　单击"进入个人中心"按钮　　　**图 5-16　单击"创建活动"按钮**

步骤03　在弹出的窗口中选择创建空白活动，或者套用模板商店的模板，如图 5-17 所示。

步骤04 若选择模板商店，制作者就在模板商店中选择自己喜欢的模板来套用，如图 5-18 所示。

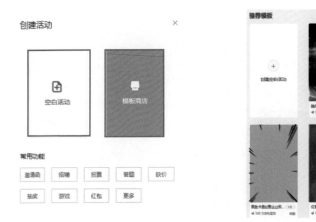

图 5-17　选择创建类型　　　　　　图 5-18　模板商店

步骤05 若选择空白活动，制作者则单击进入人人秀 H5 编辑器，如图 5-19 所示。

图 5-19　进入人人秀 H5 编辑器

步骤06 首先导入背景，制作者单击右侧工具栏的"增加背景图"按钮，如图 5-20 所示。

步骤07 弹出图片库对话框，制作者可以从图片库、背景库或者电脑中选择合适的背景图，如图 5-21 所示。

步骤08 如果制作者希望使用自己的素材，可以单击"上传图片"按钮从电脑中选择合适的图片，执行操作后即可将本地图片上传为 H5 背景图片，如

图 5-22 所示。

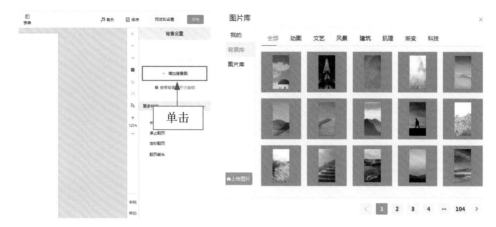

图 5-20　单击"增加背景图"按钮　　　　图 5-21　选择背景图片

专家提醒

　　H5 图片格式通常是 .jpg、.jpeg、.png、.gif 等，可以设置其相框、序列帧、样式（包括背景颜色、文字颜色、透明度、圆角、边距、边框等）、阴影（包括水平阴影、垂直阴影、颜色、模糊度等）、位置（包括宽度、高度、X 与 Y 的位置、旋转角度、大小等）等属性。

步骤09　为 H5 页面增加其他装饰图片，添加一个带有特效的恭贺新春图片。单击"图片"按钮，并在"我的"下方选择想要的图片并将其插入 H5 页面。制作者也可以在图片库中选择合适的图片，并调整图片大小和位置，效果如图 5-23 所示。

图 5-22　添加背景图片　　　　　　　图 5-23　增加装饰图片

步骤10 为 H5 补充文字，单击"文字"按钮，系统自动在 H5 页面中插入文本框，接着输入相应的文字，如图 5-24 所示。

步骤11 编辑文本框内的文字，并对其设置合适的字体和颜色，如图 5-25 所示。

图 5-24 输入文字　　　　　　　　　图 5-25 设置文字格式

步骤12 选择合适的音乐背景，将鼠标移动至"音乐"，单击"更换"按钮，如图 5-26 所示。

步骤13 用户既可以单击"上传音乐"按钮，自己上传音乐，也可以在音乐库中选择音乐文件，如图 5-27 所示。

图 5-26 单击"更换"按钮　　　　　　图 5-27 选择音乐文件

步骤14 页面内容添加完成后，即可对页面内容进行动画效果的制作。首先将鼠标移动至图层位置，选择相应的图层；然后单击"添加动画"按钮对动画效果进行设置，如图 5-28 所示。

步骤15 根据自己的实际需要对相应的图层进行动画设置，同一个图层可以有好几个动画效果，制作者单击"添加"按钮，按照同样的操作步骤设置动画即可，如图 5-29 所示。

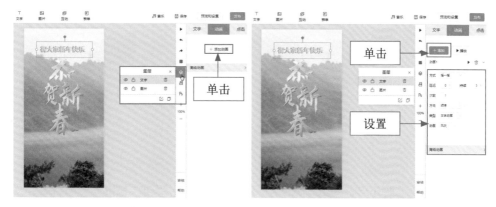

图 5-28　单击"添加动画"按钮　　　图 5-29　设置动画图层

步骤16　H5 页面第一页内容完成后，若有需要制作者还可以添加更多页面。单击"添加页面"按钮即可，或者单击"模板"按钮直接使用人人秀平台提供的模板，如图 5-30 所示。

步骤17　在屏幕左侧的缩略图中拖动页面调整页面顺序；单击 🗑 按钮即可删除页面，如图 5-31 所示。

图 5-30　添加页面　　　　　　　　图 5-31　调整页面顺序

步骤18　H5 全部页面制作完成后，制作者可以单击"保存"按钮将 H5 页面保存在个人中心，单击"预览和设置"按钮可以在电脑上预览或者用手机扫描二维码预览页面，单击"发布"按钮可以发布 H5，如图 5-32 所示。

步骤19　图 5-33 所示为在电脑端预览制作完成的 H5 页面，制作者如果有不满意的地方即可重新进行编辑。

图 5-32　单击"保存""预览和设置"或"发布"按钮

图 5-33　预览 H5 页面

专家提醒

　　H5 作品发布成功后，用户可以在个人中心重新编辑作品，编辑方法与制作方法相同。重新编辑后的作品要重新接受人人秀平台的审核。

5.3　测试分析：H5 的升华与完善

　　完成 H5 作品的最后一步就是对其进行测试和分析，不断完善用户体验，同时发布 H5 作品后还需要做好相关的客服工作，以及对 H5 作品进行宣传引流。

5.3.1 程序测试：及时完善 H5

H5 作品制作完成后，不能立刻就发布给用户，还需要对其进行测试，要认真检测和体验 H5 的所有流程，找出其中的错误和不足，并及时进行修改和完善。H5 测试的主要内容，如图 5-34 所示。

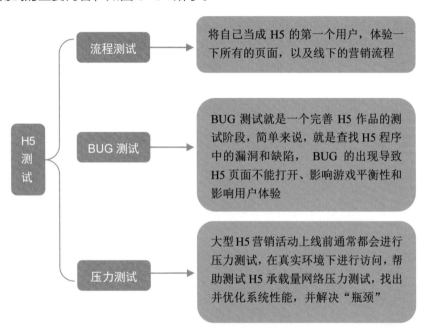

图 5-34 H5 测试的主要内容

专家提醒

　　H5 的测试内容包括页面功能测试、前端性能测试、浏览器兼容性能测试，以及服务端性能测试。

　　（1）页面功能测试：测试各页面是否能够正常显示，功能是否能够实现。

　　（2）前端性能测试：测试 HTTP 请求个数、组件是否压缩、图片格式和大小是否合适以及是否添加缓存等。

　　（3）浏览器兼容性能测试：能否在各种手机浏览器上正常运行。

　　（4）服务端性能测试：测试服务器的响应速度。

5.3.2 活动上线：快速推广 H5

H5 作品测试完成后，即可发布上线活动消息，并做好相关的客服工作，以及对 H5 作品进行推广、宣传。下面以人人秀为例，介绍 H5 活动上线的具体操作步骤。

步骤01 H5 作品完成后，制作者单击"发布"按钮，进入作品发布页面，如图 5-35 所示。

步骤02 在作品发布页面，单击"＋"按钮可以更改分享头像；选中"分享标题"文本框设置 H5 分享标题；选中"分享描述"文本框对 H5 页面进行描述，如图 5-36 所示。

图 5-35　作品发布页面　　图 5-36　修改分享头像、分享标题、分享描述

专家提醒

作品发布页面中的"预审核"功能是人人秀为付费用户开通的特殊服务，选中该选项后，客户经理会在第一时间协助制作者对 H5 作品进行预先审核，并提供一对一的审核帮助，审核不通过时详细地告知制作者违规之处，确保制作者顺利投放作品和不被封号。

步骤03 设置完成后，单击"确定"按钮即可进入分享推广页面，获得 H5 作品的分享二维码和链接，如图 5-37 所示。这一页面还有打分环节，对 H5 作品的各方面进行评估，帮助制作者完善 H5 页面。

扫描二维码进入作品链接，制作者可以选择以下三种方式进行推广。

（1）在微信右上角获取作品链接，直接推送 H5 作品地址。

（2）将作品转发到微信朋友圈或者微信群中进行推广。

（3）获取作品链接，将作品链接填入微信公众号的阅读原文链接、下拉菜单网址中进行推广。

图 5-37 分享推广页面

5.3.3 效果分析: 分析营销效果

发布 H5 营销活动后, H5 页面的制作者或者运营者仍旧不可松懈, 要紧跟营销活动进行效果分析, 主要内容如图 5-38 所示。

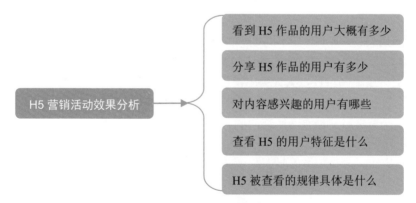

图 5-38 H5 营销活动效果分析的主要内容

在进行效果分析前, 制作者或运营者通过 H5 制作平台, 获得相应的后台数据, 并对其进行分析, 为 H5 营销活动的后期发展提供数据基础。

例如, 人人秀通过对 H5 页面和渠道入口的监测, 为企业提供翔实而又精准的数据支持, 帮助企业更好地完成自动化营销。

（1）流量统计 / 分享统计: 这是数据统计中最基本、最基础的数据, 所有的其他数据都与之有关。图 5-39 所示为人人秀后台的访客统计。

图 5-39　访客统计

专家提醒

　　流量（page view，PV），即浏览量的意思，可以非常直观地反映 H5 作品的营销效果，H5 作品每被打开一次，PV 数据就会加 1。分享数，是指用户分享 H5 作品给其他用户的总次数，H5 作品每被分享一次，分享数就会加 1，可以很好地体现 H5 的推广效果。

　　（2）互动统计是指在 H5 页面中，用户通过 H5 内置的互交设计与企业产生互动的次数。当用户拨打 H5 页面中内置的电话号码时，或者点击其中的网页链接时，人人秀都会实时监测和记录这些行为，企业可以通过这些数据来评估自己营销推广效果的好坏。

　　（3）扩展网址统计：添加扩展网址，可以为 H5 作品生成不同的二维码和扩展链接，让企业了解 H5 在不同地域的推广效果。人人秀可以生成多个扩展网址，可以分别查看每个推广网址的推广效果。

　　（4）分享渠道统计：人人秀支持记录的分享渠道包括微信好友、微信朋友圈、微信群、QQ、QQ 空间、新浪微博等绝大部分主流媒体，如图 5-40 所示。企业可以在后台查看每一种渠道所获得的分享量，以此调整产品广告的投放方向。

图 5-40　分享渠道统计

（5）独立访客（unique visitor，UV）统计：UV 即为唯一访客，UV 以 Cookie 为依据，记录网站的真实用户量，UV 可以精准地反映企业的 H5 页面被多少人阅读过。

（6）访问设备：不同人群访问 H5 页面时使用的设备也不尽相同，通过记录这些数据，企业可以得知用户浏览 H5 页面时使用的设备，进而初步推断用户的消费习惯和消费喜好，如图 5-41 所示。

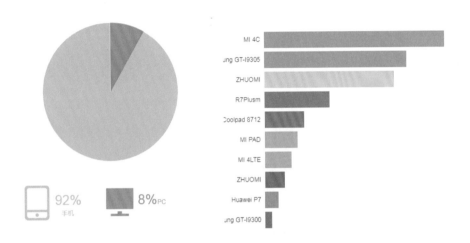

图 5-41　访问设备统计

（7）访客停留时间 / 阅读深度：人人秀会自动将用户在 H5 页面停留的时间和在哪个页面离开等这些数据记录下来，如图 5-42 所示。企业可以通过访客停留时间和阅读深度的数据统计发现 H5 页面的不足，从而完善作品，提升用户的留存率。

（8）地域访问统计：人人秀可以记录 H5 作品的用户地理分布情况。当用户浏览 H5 页面时，人人秀可以获取这些用户的 IP 地址，然后得到用户的实时位置信息。通过地域访问统计数据，企业可以知道自己的 H5 作品主要被哪些地域的人看到，进而知道这些地方的用户对企业的产品或活动比较感兴趣，可以作为主推地域；也可以反映出哪些地域存在推广不足，从而进行相应的整改。

（9）财务信息：人人秀可以提供制作者账号的财务信息，包括自己的充值记录、微信红包、流量红包以及剩余的短信数量等，还可以查询用户被强制关注的次数，如图 5-43 所示。

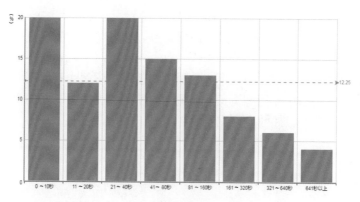

(a) 访客停留时间

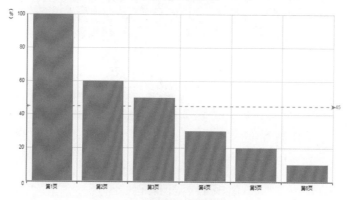

(b) 访客阅读深度

图 5-42　访客停留时间 / 阅读深度统计

图 5-43　账号的财务信息

第 6 章

H5 开发技术：移动 H5 热门开发技术

学前提示

    H5 具有强大的表现能力，可以通过文字、图片、动画、视频、3D、VR 等多种形式传达企业的各类信息，具有强大的营销优势。当然，要让 H5 快速流行，制作者还需要在这个页面中加入自己的创意，从而更显著地提升移动广告的效果。

要点提示

- "黑科技"：让 H5 人气爆炸
- H5 +AR/VR/AI：多种手段全新体验
- 技术运用：展现酷炫 H5 画面

6.1 "黑科技"：让 H5 人气爆炸

如今，H5 应用的技术越来越多，这增加了 H5 的可玩性，也成为吸引用户参与、分享的动力所在。因此，H5 营销人员要掌握时下流行的核心技术，为 H5 作品注入更多的前沿玩法，先声夺人，抢占市场营销先机。

6.1.1 720 度全景：展现三维立体空间感

720 度全景呈现超越正常人类视角的全景画面效果，通过 360 度水平和 360 度垂直方向相结合，产生三维立体空间的 720 度全景画面，以呈现更强的三维立体空间感，让用户犹如身临其境。在 H5 中运用 720 度全景技术，以更好地展示企业的环境、产品等特点，满足旅游景点、酒店展示、房产全景、公司宣传、商业展示、空间展示、汽车三维、特色场馆、虚拟校园、政府开发等多种场景下的营销需求，让 H5 成为一个 24 小时不间断的在线展示窗口。

资生堂（SHISEIDO）在发布春季新品时运用了全景技术，展现手绘的春季樱花美景，并推广樱花瓶产品。资生堂（SHISEIDO）"恋恋樱花定格春光"H5 页面如图 6-1 所示。

图 6-1　资生堂（SHISEIDO）"恋恋樱花 定格春光"H5 页面

6.1.2 3D 旋转：让 H5 画面更具动感

在 H5 页面中，给相关元素添加 3D 旋转技术，可以让画面更具动感，非常适合产品图片滚动切换展示以及各种产品图片的场景应用。

"花城 3D 书摘漂流馆"是广州读书月推出的一个活动推广 H5 页面，这个

H5 采用 3D 旋转的互动形式，用户可以通过滑动手机屏幕，看到各种书籍名称，点击即可了解书籍信息，如图 6-2 所示。

图 6-2   "花城 3D 书摘漂流馆" H5 页面

6.1.3   人脸识别：实现 H5 趣味营销

人脸识别技术的工作原理，如图 6-3 所示。

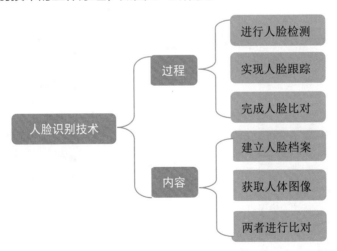

图 6-3   人脸识别技术的工作原理

人脸识别技术就是将人脸图像或者相关视频输入系统，然后根据人脸的特征，分析每个脸的大小、位置以及各个面部器官的位置信息。如今，人脸识别技术也被应用到 H5 营销中，而且识别率已经得到大幅提升。

"朋友圈露齿大笑挑战赛"是京东推出的 H5 宣传页面，采用人脸识别技术，用户可以选择性别，上传笑脸照片，然后系统就会为笑脸打分，如图 6-4 所示。

图 6-4 "朋友圈露齿大笑挑战赛"H5 宣传页面

6.1.4 物理引擎：创建一个虚拟世界

使用 iH5 编辑器创建 H5"物理世界"页面，如图 6-5 所示。

图 6-5 使用 iH5 编辑器创建 H5"物理世界"页面

物理引擎实际上是一种"仿真程序"技术，可以在 H5 页面创建一个虚拟世界，然后在这个虚拟世界中集成各种物理世界的规律，如重力、碰撞等行为。使用 iH5 编辑器，即可轻松实现物理引擎的构建，制作流畅的动画，打造超真实的重力、弹力以及运动效果，创建更有趣的 H5 "物理世界"页面。

"乐事就酱工厂"是乐事推出的一个 H5 小游戏，通过 "Animate CC / canvas / annie.js"技术实现物理世界的薯片筒摇晃效果，同时运用重力感应技术来控制摇晃，用于宣传薯片新品，如图 6-6 所示。

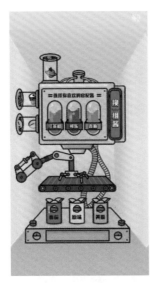

图 6-6　"乐事就酱工厂" H5 页面

物理引擎简单易用，不仅可以帮助那些不懂编程的用户轻松开发各种 H5 小游戏，还可以实时预览，使得 H5 小游戏的开发、发布、推广内容融为一体。

6.1.5　重力感应：提升用户互动体验

重力感应，指地球上的各种物体在重力作用下，自由下落的规律。如今，很多智能手机都具有重力感应器，而且广泛应用于各种 H5 小游戏中，提升用户的互动体验。我们可以在 H5 页面中，选择一个元素来添加重力感应效果，当用户将手机倾斜时，这个元素会随着手机的倾斜角度而晃动，这种重力感应效果的小动画可以让画面充满动感。

以人人秀为例，打开人人秀编辑器，更换好背景，并插入需要添加重力感应效果的图形元素，在右侧切换至"动画"选项卡，在"高级动画"选项区中选中"重力感应"复选框，如图 6-7 所示。选中"重力感应"复选框后，会出现"感应强度"调节选框，"感应强度"的数值设置得越高，则重力感应的效果就越强。

图 6-7　选中"重力感应"复选框

"我的考古笔记"是腾讯博物馆推出的一个 H5 活动推广页面，通过重力感应系统，用户旋转手机即可寻宝，如图 6-8 所示。

图 6-8　"我的考古笔记" H5 活动推广页面

6.1.6　手指跟随：产生幻灯片效果

很多 H5 作品为了彰显自己的独特之处，而去模拟原生应用的触控效果。其中，手指跟随是应用较多的 H5 触控效果，而且手指跟随可以产生滑动幻灯片的效果。

H5 单页面的手势滑屏切换主要是采用 HTML5 触摸事件（touch）和 CSS3 动画（transform，transition）来实现的。例如，"你给我变个 rapper 试试！"

是网易云音乐推出的一个 H5 活动宣传页面，用户锁定物品后进入选择界面，接着点击查看服装搭配效果，如图 6-9 所示。

图 6-9　"你给我变个 rapper 试试！" H5 活动推广页面

6.2　H5 +AR/VR/AI：多种手段全新体验

将 AR/VR/AI 等新技能与 H5 相结合，给用户带来一种全新的移动营销体验，让用户拥有极强的现场体验感和智能感，完全沉浸在 H5 的虚拟世界中，为用户带来满满的创意感。

6.2.1　AR 技术：实现线上、线下相结合

增强现实（augmented reality，AR）其实是虚拟现实的一个分支，它主要是将真实环境和虚拟环境叠加在一起，营造一种现实与虚拟相结合的三维情境。AR 技术可以将真实世界的信息与虚拟世界的信息无缝链接，通过计算机等技术，将虚拟世界的一些信息模拟后进行叠加，然后呈现到真实世界，这种技术使得虚拟信息和真实环境共同存在，大大增强了人们的感官体验。

对于传统行业来说，AR 技术互动体验再加上 H5 的低门槛传播，不仅可以让 H5 实现基本的宣传、品牌曝光，还能运用到线下活动中，创新线上、线下营销活动传播体验工具。

m awards 红宝书《超级案例大赏》是由阿里妈妈发起，联合天猫、阿里数据、阿里研究院和贝恩公司推出的一个 H5 颁奖页面，是"超级节点营销"获奖作品的展示。这个 H5 颁奖页面通过 AR 动画＋视频的互动形式，向用户展现了

获奖作品的风貌，如图 6-10 所示。

图 6-10　m awards 红宝书《超级案例大赏》H5 颁奖页面

专家提醒

　　通过 AR 技术的应用，H5 可以给用户带来身临其境的感官体验和新颖的互动环节，企业可以利用 H5 ＋ AR 将传统的线下展示销售环节直接搬到线上进行，打造"沉浸式·一体化"的行业营销新模式。可以预测，更多企业都会将 AR 技术与 H5 营销结合起来使用，以此形成较大的影响力，从而提升自己的市场地位。

6.2.2　VR 技术：生成虚拟动态场景

　　虚拟现实（virtual reality，VR）技术是 20 世纪 80 年代初提出的，它是一门建立在计算机图形学、计算机仿真技术学、传感技术学等技术基础上的交叉学科。VR 技术是目前十分流行的一种虚拟现实技术，它不仅可以创建一个虚拟世界，增强用户的体验感，还可以提供更多的交互方式。

　　VR 技术是一种仿真技术，也是一门极具挑战性的时尚前沿交叉学科，它通过计算机，将仿真技术与计算机图形学、人机接口技术、传感技术、多媒体技术相结合。在 H5 内容中运用 VR 技术生成一种虚拟的情境，这种虚拟的、融合多源信息的三维立体动态情境，能够让观众沉浸其中，就像经历真实的世界一样。

"王者风物志"是王者荣耀推出的一个沉浸式游戏环境体验类 H5 页面，用户选择人物后，即可进入 3D 场景，通过转动手机观看美景，听"导游"讲解，从而引导用户下载游戏，如图 6-11 所示。

图 6-11 "王者风物志"H5 页面

专家提醒

　　VR 技术为我们带来了一种全新的场景化营销模式，VR 技术的真实感和沉浸感，让我们可以随时随地地体验不同的虚拟化生活场景。同时，企业可以将自己的产品、理念等品牌因素嵌入这些虚拟场景，在潜移默化中影响人们的消费观、价值观，从而实现自己的营销目的。

另外，在 H5 游戏中运用 VR 技术，让用户彻底沉浸到游戏当中，收到前所未有的展现效果，带给用户更加真实的体验。

6.2.3 AI 技术：让 H5 拥有人工智能

人工智能（artificial intelligence，AI）技术在 H5 领域的应用是非常广泛的，包括图像识别技术、语音识别技术、模拟人类智慧等。

AI 技术基于深度学习算法，可以让 H5 营销更懂用户的心理，实现需求的精准匹配与传达，其在 H5 中的作用如图 6-12 所示。

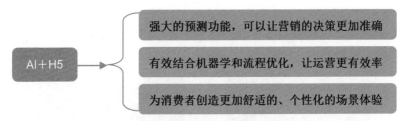

图 6-12　AI 技术在 H5 中的作用

1. 图像识别技术

图像识别技术是人工智能的一个重要技术组成，它是指对图像进行对象识别，以识别各种不同模式的目标和对象的技术。在 H5 营销中运用图像识别技术，可以结合企业产品来制作各种有趣的 H5 小游戏，以吸引用户深度参与。

"回顾科大讯飞公益之路，受益最大的原来是他们……"是科大讯飞利用图像识别技术推出的一个回顾类 H5 页面。科大讯飞通过 H5 页面，回顾了企业做过的一系列公益活动，展现了企业的社会责任感，如图 6-13 所示。

图 6-13　"回顾科大讯飞公益之路，受益最大的原来是他们……"H5 页面

2. 语音识别技术

语音识别技术，也称为自动语音识别（automatic speech recognition，ASR），其目的是将人类语音中的词汇内容转换为计算机可读的内容。在 H5 中运用语音识别技术，可以突破传统广告，为创意插上声音的翅膀，让广告 H5 形式更加多样，传播性更强。

"绘声赋色"是惠氏 (Wyeth) 利用语音识别技术推出的 H5 页面，该 H5 可以调用手机的录音功能，用户可以用语音讲故事，录入并上传，然后系统会根据故事来绘出图片，如图 6-14 所示。

图 6-14　"绘声赋色"H5 页面

3. 模拟人类智慧

人工智能可以用计算机模拟人的某些思维过程和智能行为，如学习、推理、思考以及规划等，帮助人类轻松解决各种难题。在 H5 中运用 AI 技术，可以让

H5 页面科技感十足，而且交互形式也更有趣。

为宣传"海尔全球品质节，智慧创造新生活"活动，海尔集团打造了"家电奇幻漫游记"H5 宣传活动，推出海尔家电的黑科技，从而达到宣传品牌的目的，如图 6-15 所示。

图 6-15　"家电奇幻漫游记"H5 宣传活动

6.3　技术运用：展现酷炫 H5 画面

H5 设计制作者制作 H5 动态效果时，如果是比较简单的动画效果，可以使用 CSS3 技术；如果是较为复杂的动画效果，比如有很多特效，以及动画时间比较长，则需要通过动画引擎实现。本书介绍一些常见的展现动态炫酷画面的 H5 技术以及相关的案例。

6.3.1　快闪视频：让你的 H5 更吸睛

快闪是指"快闪影片"，是一种视频内容的制作方式，H5 快闪主要是短时间内在手机屏幕中快速闪过文字和图片等信息。在传统营销中，快闪也用得非常多，如小米的 redmi 手机新品宣传、QQ 音乐的周年庆活动、京东的企业购产品推荐广告等。

如今，通过"快闪广告＋H5 页面"的组合营销，不仅可以更好地展现快闪的魅力，还能提升用户的浏览体验，让企业的营销广告更引人注目。

"你离健身达人有多远"是新华网、思客和 Keep 软件共同推出的一个 H5 快闪视频，如图 6-16 所示。通过这种前卫、新颖的广告形式，为用户展现庞大的信息，给用户带来无与伦比的视觉冲击。

图 6-16　"你离健身达人有多远"H5 快闪视频

　　H5 快闪视频主要有四个方面的优势，分别是制作难度、硬件要求、宣传效果和适用场景，如图 6-17 所示。

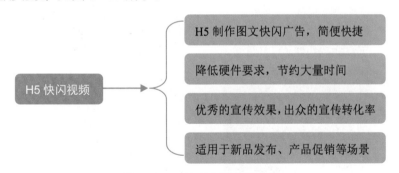

图 6-17　H5 快闪视频的优势

6.3.2　粒子特效：让你的 H5 更酷炫

　　粒子特效是视频处理常用的一种技术手段，原理是通过三维软件将无数的单个粒子组合，并使其呈现固定形态，模拟出现实中的水、火、雾、气等效果。

　　H5 的设计制作者可以利用新技术实现非常酷炫的粒子动画效果，给用户带来惊艳的视觉体验。图 6-18 所示为 H5 中的粒子动画效果，十分酷炫，也让 H5 页面更具科技感。

图 6-18 H5 中的粒子动画效果

"腾讯科学 WE 大会"是腾讯推出的一个 H5 活动宣传页面，以微观世界 为切入点，将人们的照片形成粒子效果，展示微观万物，效果十分震撼，如 图 6-19 所示。

图 6-19 "腾讯科学 WE 大会"H5 活动宣传页面

6.3.3 视频互动：更好地展示品牌形象

视频互动主要是在 H5 页面中植入视频，在宣传产品的同时实现与用户互动。视频与图片、文字不同，它不能随意造假，相对而言，是一个比较真实的展示企业信息的媒介。如果 H5 视频内容具备以下几个特征，就能吸引用户的目光，从而使其深入了解企业内涵，对企业的方方面面有一个比较直观的了解，如图 6-20 所示。

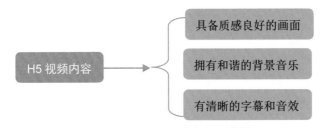

图 6-20　H5 视频内容具备的特征

企业都想向用户展示自己的完美形象，因此，它们可以通过 H5 视频内容对产品、服务进行介绍，这样展现出来的效果会更具说服力，能够使顾客更加相信企业，从而有力地推动产品的销售。

2021 年春节的时候，可口可乐推出了一个贺岁 H5 宣传页面。全新的创意、浓浓的年味儿，以及新颖的视频互动形式，让 H5 宣传页面一经推出，就十分火爆，吸引了许多用户的关注，如图 6-21 所示。

图 6-21　视频互动的 H5 宣传页面

可口可乐推出的视频互动的 H5 宣传页面以红色为主色调，与新年的气氛十分契合，再加上视频中演员从"不喜欢过年"到"享受过年"这一心理状态的变化，营造出了令人感动的亲情与温暖的新年氛围，同时宣传了可口可乐新推的新年包装。

6.3.4 多屏互动：轻松打造互娱模式

H5 拥有多种交互及展示方式，其中，多屏互动就是可以实现手机、平板电脑、电视之间的多屏互动。多屏互动的营销方式可以帮助企业重塑商场活动场景，打造互动娱乐营销的新模式。

"99 欢聚所"是天猫推出的一个 H5 页面，如图 6-22 所示。"99 欢聚所"通过借势"9.9 品牌欢聚盛典活动"这个热点话题，采用双屏互动技术，用户通过寻找伙伴完成双屏互动游戏即可获得福利。

图 6-22 "99 欢聚所"H5 页面

6.3.5 GIF 动画：让你的页面栩栩如生

GIF 格式的动画图像广泛支持 Internet 标准，因此在 H5 中也非常流行，可以让原本呆板的页面精彩纷呈。

"爱情保鲜秘籍"是燕之屋推出的一个产品宣传 H5 页面，该页面采用了视频＋ GIF 动画图像的形式，如图 6-23 所示。在 H5 页面中，用户点击屏幕翻开日记，即可跳转至下一页，观看恋爱、求婚、结婚三段 GIF 场景，并配有详细的文字介绍和女生画外音解读，让每一位观看的用户都被别人的爱情感动。

图 6-23 "爱情保鲜秘籍" H5 页面

专家提醒

其实，H5 的设计制作者在制作 H5 页面的时候，可以不用局限于使用一种技术，可以多种技术手段相结合、多种表达形式相结合，使得自己的 H5 更加吸人眼球，为用户带来更好的视觉效果。

第 7 章

H5 视觉风格：移动 H5 视觉风格设计

学前提示

　　H5 传播的内容直接影响用户对 H5 作品的认可程度，适当的内容表现技巧更有利提高 H5 作品的影响力。在选择 H5 的设计风格时，我们首先要理解 H5 页面，然后根据不同的行业特性、活动主题以及品牌调性等，采用不同的页面设计风格。当然，优秀的 H5 作品不只是单一的风格，而是可以融合多种风格，给用户带来更加强烈的视觉冲击效果。

要点提示

- 五大原则：H5 设计的精髓要点
- 12 种风格：H5 设计的不二之选
- 6 种表现手法：H5 设计的视觉特效

7.1 五大原则：H5 设计的精髓要点

随着移动互联网的迅速发展，网络营销的方式也越来越多，但最基本、最广泛的还是 H5 营销。H5 营销不仅成本低，而且能够有效提高企业形象和知名度，成为很多企业青睐的营销手段之一。H5 营销首先要传播，也就是将企业的 H5 传播出去，在这个过程中，我们需要掌握一些精髓要点，如此才能使 H5 传播得更快、更远。

7.1.1 设计原则：多创意，少抄袭

首先，企业的 H5 作品必须有足够的创意，这点在前文已经强调过，而且要少抄袭、多原创。如今，内容营销是一种非常流行且实用的营销方式，企业可以在 H5 中添加与众不同的内容或者创意，使人们乐于传播。

各种电商平台上充斥着很多可有可无的产品，这些产品难以吸引用户下单。因此，企业可以借用 H5 创意营销来把握用户"痛点"的基本逻辑——解决好"痛点"，让用户欲罢不能。

1. 印力集团："猜猜我真假参半的十八岁"

"猜猜我真假参半的十八岁"是印力集团推出的一个互动拉新类 H5 页面，通过创意设计来抓住用户眼球，如图 7-1 所示。

图 7-1　"猜猜我真假参半的十八岁"H5 页面

"猜猜我真假参半的十八岁"的创意亮点如图 7-2 所示。

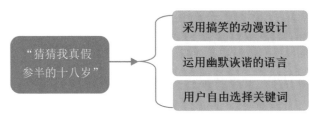

图 7-2 "猜猜我真假参半的十八岁"的创意亮点

2. 人民日报 | 快手："2025 的我"

"2025 的我"是人民日报和快手联合推出的一个 H5 页面，用户在该 H5 中自由选择关键词，规划自己 2025 年的目标，寄托美好的愿望，如图 7-3 所示。

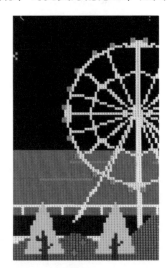

图 7-3 "2025 的我" H5 页面

7.1.2 设计风格：H5 的风格要统一

在设计 H5 作品时，采用统一的设计风格是基本原则，设计风格的相关要点如图 7-4 所示。

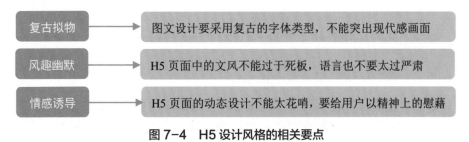

图 7-4 H5 设计风格的相关要点

需要注意的是，H5 中各元素的色彩、文案风格等需要和谐、自然，所有的细节设计都要统一于整体的风格，这样才能带来高品质的用户体验。

"你是一棵什么树"是人民日报和中国移动咪咕共同推出的 H5 推广活动，活动主题为"保护树木"，整体以浅绿色为主色调，配上手绘的图片，体现了小清新风格，如图 7-5 所示。

图 7-5　"你是一棵什么树"H5 推广活动

该 H5 推广活动的设计风格非常统一，具体如图 7-6 所示。

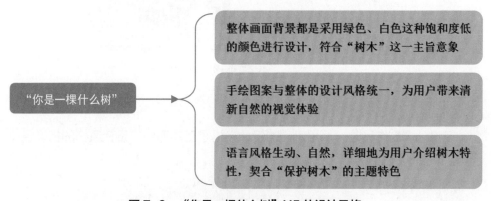

图 7-6　"你是一棵什么树"H5 的设计风格

7.1.3　H5 原型图：绘制与构思方法

H5 原型图是指整体框架样式的构思，也可以作为草稿、底稿或者大纲，可以通过手绘或者使用软件来制作，以此来实现与其他利益相关者的交流。例如，摹客网（Mockplus）就是一款不错的原型图绘制软件，H5 页面的设计制作者作图时只需要把这些组件插入工作区组合，一张原型图就迅速呈现出来。图 7-7 所示为 Mockplus 工作界面。

图 7-7 Mockplus 工作界面

H5 原型图的绘制与构思都不同于一般的移动应用产品，其有自己独特的方法和原则，如图 7-8 所示。

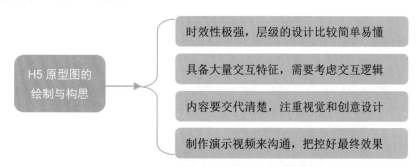

图 7-8 H5 原型图绘制与构思的方法和原则

7.1.4 视觉氛围：着眼于情感传递

H5 营销的重点是情感传递，那么，设计制作者要如何实现这个重点？通常，可以通过在 H5 中营造合适的视觉氛围，烘托出某种情感气氛，从而更好地传达品牌的营销主题。

例如，"你靠什么 carry 春晚"是扬州万科推出的一个宣传网络春晚的 H5 页面，主色调设计为深红色，从而营造一个非常热闹的过年氛围，视觉效果十分吸引人，同时有趣的答题互动玩法，更是吸引了不少用户，如图 7-9 所示。

图 7-9 "你靠什么 carry 春晚"H5 页面

7.1.5 真实体验：让用户身临其境

H5 的营销始终都是以用户为核心的，因此设计 H5 作品时，制作者要让用户真实参与和体验，制作出个性化和定制化的 H5 作品。

"生活的尺度，由你选择"是融创东麓打造的一个产品推广类 H5 作品，用户可以根据自己的选择看到不同地方的美景，产生身临其境之感，如图 7-10 所示。

图 7-10 "生活的尺度，由你选择"H5 作品

"生活的尺度，由你选择"H5 是融创东麓为了推广企业新开发的楼盘而制作的，该 H5 的操作简单，界面干净，用户通过不同的选择看到不同的美景，互动性很强，引导用户深度参与，使用户拥有不同寻常的参与感和体验感。

7.2　12 种风格：H5 设计的不二之选

视觉设计对 H5 来说十分重要，在优秀的 H5 作品中，无论是色彩斑斓的图片，还是创意十足的文字，都可以对用户造成视觉冲击，进而提高 H5 页面的点击率。简单地说，视觉是方法，营销是目的，二者相辅相成。

7.2.1　扁平视觉风格设计

扁平视觉风格设计的主要原则是去除冗余、厚重和繁杂的装饰效果，强调抽象、极简和符号化，此种风格的 H5 画面更简约，条理也更清晰。

"你的美学气质报告"是 thinkpad 推出的产品推广类 H5 页面，采用了扁平色块和印象派色调的手法，如图 7-11 所示。

图 7-11　"你的美学气质报告"H5 页面

"你的美学气质报告"H5 页面运用红色、蓝色、黄色这种高饱和度与高对比度的颜色作为主色调，使画面创意十足，为用户带来强烈的视觉冲击。另外，在这个 H5 页面中，用户可以选择背景、画面主体进行自由搭配，创建一个属于自己的"美学海报"，从而让人对新产品印象深刻。

7.2.2　插画视觉风格设计

插画也称插图，是一种视觉艺术表现形式，具有很强的审美特征，其设计的元素形象化比较直观，给绘画带来真实的生活感，同时也体现出美的感染力。

"这是我向往的生活"是淘宝推出的一个品牌推广类 H5 页面，画面采用插画的设计风格，在画面中用低饱和度的颜色描绘山清水秀的场景，从而唤起年轻人对慢生活的向往，如图 7-12 所示。

图 7-12　"这是我向往的生活"H5 页面

在"这是我向往的生活"H5 中，用户可以自己选择场景进行搭建，场景搭建完成后用户自由选择细节进行填充，除此之外，还可以选择不同的人物形象和人物姿势，从而创建出"这是我向往的生活"。这个 H5 页面的互动性十分强，给用户带来沉浸式体验。

7.2.3　手绘视觉风格设计

手绘视觉风格设计被广泛应用于 H5 页面制作中，能让 H5 页面看上去更加生动，使其整体的视觉冲击力更强，而且手绘元素能烘托画面氛围，传递企业情绪。

"一切的美都溶于时光里"是西峡湾天玥推出的 H5 宣传页面，采用了手绘漫画的设计风格，画面简洁、充满美感，如图 7-13 所示。

7.2.4　动漫视觉风格设计

动漫风格的视觉元素在 H5 中也非常常见，而且风格形式也比较多，往往能够创造出独特的视觉风格，实现形式与内容的完美统一。

图 7-13　"一切的美都溶于时光里"H5 宣传页面

"开学报道指南"是自如（Ziroom）和屈臣氏 App 联合推出的一个 H5 品牌宣传页面，其采用了动漫设计风格，呈现活泼、可爱的视觉效果，如图 7-14 所示。

图 7-14　"开学报道指南"H5 品牌宣传页面

7.2.5　水墨视觉风格设计

　　水墨视觉风格的 H5 设计通过极少的元素将更多的信息传达出来，使页面更加简洁，显示出企业或品牌的高雅文化品位和人文情怀。

　　"探秘芒种"是网易新闻推出的一个 H5 页面，页面采用水墨风的视觉设计风格，向用户讲述了芒种时节农田与自然的变化，如图 7-15 所示。

图 7-15　"探秘芒种" H5 页面

　　"探秘芒种"采用横屏观看的形式，水墨画风和细腻的色彩风呈现清新、淡雅的视觉效果。该 H5 从农田收割画面开始，而后一滴雨落在螳螂身上，农民辛勤劳作，鸟飞过天空……多种意象呈现芒种时节的场景。"探秘芒种"用中国传统水墨画宣传中国传统节气，画风、语言和立意彼此十分契合，很能打动用户的心。

7.2.6　复古视觉风格设计

　　复古视觉风格设计主要是在 H5 页面中加入旧时代的设计元素，或者将现代的元素做旧处理，从而突出品牌或产品文化渊源的形象特征。

　　安佳（Anchor）推出的"时光倒转，重回 1886"H5 页面就是采用复古的设计风格，在页面中添加了黑白照片、做旧版画和相机胶卷的元素，用户从中可以了解到安佳的发展历史，进而加深对百年品牌的印象，如图 7-16 所示。

图 7-16　"时光倒转，重回 1886"H5 页面

7.2.7　写实视觉风格设计

　　写实视觉风格设计是指如实地描绘事物，使 H5 中的事物与现实世界中的情况尽可能相吻合。简单来说，写实风格就是画照片，让画面收到真假难辨的效果。

　　图 7-17 所示为 Zippo 打火机推出的一款名为"Zippo Tricker"的产品宣传 H5 页面。该 H5 页面采用黑色背景和写实的内容风格，介绍 Zippo 打火机的两种玩法。

图 7-17　"Zippo Tricker" H5 页面

7.2.8　科技视觉风格设计

科技视觉风格设计就是在 H5 页面中增加有科技感的视觉元素，如机器人、IT 技术、科技产品等，让画面更加科幻。

"行动代号 拯救开发者"是华为推出的一个邀请函类型的 H5 页面，画面运用大量科技风格的设计元素，如仿生人、飞船、网格面板以及各种耀眼的元素等，非常具有未来感，如图 7-18 所示。

图 7-18　"行动代号 拯救开发者" H5 页面

7.2.9 极简视觉风格设计

H5 画面设计的基本原则之一就是规整、简约，这也是视觉营销的要领。如果 H5 页面的设计制作者在设计 H5 画面时，什么东西都插入页面，就会使 H5 页面杂乱无章，因此，必须使画面简约而不简单。

极简风格主要是指运用极少的色彩和极少的形象去简化画面，摒弃一切干扰主体的不必要元素，最大限度地降低对欣赏者的干扰和冲击，从而呈现的布局、场景以及构图等。

> **专家提醒**
>
> 在 H5 设计中，极简视觉风格设计可以通过简单的技巧、内容和构图方法，给用户带来惊艳的视觉效果。

"你的国庆旅程会卡在哪一步？"是移动无忧行推出的一个产品宣传 H5 页面，采用简约的线条、条漫的表现形式和黑白灰的色彩搭配，呈现一种极简的视觉风格，从而为旅游产品做了宣传，如图 7-19 所示。

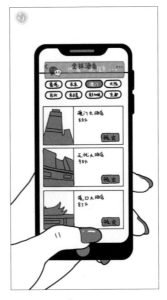

图 7-19　"你的国庆旅程会卡在哪一步？"H5 页面

7.2.10 拼贴视觉风格设计

与极简风格不同的是，拼贴视觉风格设计是一种包罗万象的表现手法，运用剪贴画、点线面、色块、波普等元素，可以丰富拓宽 H5 页面表现的内容，打破平庸、单调的画风，使其更具活力。

"查看你的隐藏星座"是网易新闻推出的一个 H5 页面，采用多种绘画风格混合的手法，如手绘、剪纸、抽象等，呈现多彩缤纷的视觉效果，如图 7-20 所示。

图 7-20 "查看你的隐藏星座"H5 页面

7.2.11 摄影视觉风格设计

摄影视觉风格设计主要是运用各种摄影技术，对画面的构图、光线、色彩等进行处理，如 360°全景、微距、双重曝光、黄金分割构图等画面效果让 H5 作品更加吸引人们的眼球。

"创界诗旅主理人"是雪佛兰汽车推出的一个产品宣传 H5 页面，画面采用了实景拍摄照片与手绘照片相结合的手法，十分生动、逼真，如图 7-21 所示。

"创界诗旅主理人"这一 H5 页面采用古诗词与产品理念相结合的方法，用提问的方式和手绘的世界美景展现产品的设计理念和强大配置，从而吸引用户前往购车。并且该 H5 极具创新意识，让古代的李白、杜甫、李清照"驾车旅行"，并分别用古诗词来回答"怎样才算见过大世面"这个问题。

图 7-21　"创界诗旅主理人"H5 页面

7.2.12　小清新视觉风格设计

小清新视觉风格设计并没有具体的含义，通常这种类型的 H5 页面色彩比较淡雅，而且饱和度不高，使得整体呈现一种灰色调的画面影调，给人带来清爽、清纯、唯美的视觉感受。

图 7-22 所示为马蜂窝企业制作的名为"我的暑假作业"的暑期小记事本的H5 页面。"我的暑假作业"的背景色是淡雅的米白色，其他画面主体则是薄荷绿、亮橙和柠檬黄这些清爽的颜色，搭配上简约的设计，打造出来的记事本给人清新的视觉感受，非常有夏天的感觉。

图 7-22　"我的暑假作业" H5 页面

7.3　6种表现手法：H5 设计的视觉特效

除了设计风格，H5 页面还可以运用各种视觉特效，让画面充满创意。对于 H5 营销来说，视觉创意是吸引用户眼球的最佳方式。H5 页面的设计制作者在制订好 H5 营销活动方案后，就开始对活动创意进行视觉效果的打造。

需要注意的是，制作者在进行视觉设计前，要把方案和广告主的想法进行结合和碰撞，再生成富有特色的 H5 视觉效果。

7.3.1　来电特效：使 H5 页面更加真实

来电特效主要是在 H5 的开始页面模拟来电界面，让用户通过接听电话的形式打开 H5 页面。常用的 H5 来电特效有语音来电和视频来电两种形式。

1. 语音来电

在 H5 页面模仿语音电话或微信来电功能，这种特效可以结合明星效应来使用，也可以制作一些恶搞语音效果，增强 H5 营销的趣味性。

"今年拜年，打个有 AI 的电话"是讯飞智能营销推出的一个产品推广 H5 页面。"今年拜年，打个有 AI 的电话"以语音来电画面作为主体画面，并加入了来电铃声，有"接听"和"拒绝"两个选项，引导用户接听 AI 电话，并从中宣传 AI 产品，如图 7-23 所示。

2. 视频来电

企业可以寻找一个明星作为代言人，让他作为视频来电的对象与用户进行互动，模仿微信的视频来电界面，从而更好地提升 H5 页面的引流效果。视频来电的 H5 页面非常适合公司年会老板慰问、产品宣传名人介绍等 H5 应用场景。

图 7-23 "今年拜年，打个有 AI 的电话" H5 页面

3. 制作 H5 来电特效

使用人人秀 H5 页面制作工具，可以快速制作各种来电特效。下面，笔者介绍具体的操作步骤。

步骤01 打开人人秀编辑器，新建一个空白页面。在页面中，打开"互动"界面，在左侧列表框中选择"趣味"选项；在右侧"趣味"类目中选择"语音来电"插件，如图 7-24 所示。

步骤02 执行操作后，即可在 H5 页面中插入"语音来电"插件，如图 7-25 所示。

图 7-24 选择"语音来电"插件　　　图 7-25 插入"语音来电"插件

步骤03 根据自己实际需要更换模板中的头像和名称，并上传合适的背景图片，如图 7-26 所示。

步骤04 单击铃声右侧的"更换"按钮，选择来电铃声，用户可以自己上传来电铃声，或者使用音乐库里的音乐，如图 7-27 所示。

图 7-26　设置来电界面　　　　　　　图 7-27　选择来电铃声

制作完成后，预览来电界面效果，如图 7-28 所示。制作者需要注意的是，添加视频来电或者语音来电插件时，插件会占据整个 H5 页面，因此，最好事先单独建立一个页面来放置该插件。

图 7-28　预览来电界面效果

专家提醒

优秀的 H5 营销案例都具有一定的亮点，如精致的创意策划、精美的视觉设计、精彩的互动体验等，可以让用户快速联想到具体的情景或者回忆。因此，很多 H5 营销都开始借鉴各种模拟手机或微信的趣味营销方式，让 H5 快速刷爆朋友圈。

7.3.2 擦除特效：让 H5 页面充满神秘

擦除特效主要是在 H5 页面实现橡皮擦擦除图像的画面效果，可以完美融入各种营销场景中作为页面切换效果或者交互行为，从而实现与用户的互动。

"万家丽国际 MALL 请你来试吃啦！"H5 页面就采用了擦除特效。在刚打开 H5 页面的时候，H5 呈现的场景是模糊的玻璃，用户通过左右滑动屏幕，擦除玻璃上的水雾后才能看到清晰的景象，如图 7-29 所示。

图 7-29 "万家丽国际 MALL 请你来试吃啦！"H5 页面

专家提醒

"万家丽国际 MALL 请你来试吃啦！"是在 MAKA 平台制作完成的 H5 页面，当然不止 MAKA 设计，几乎所有的 H5 制作平台都会提供擦除模板，制作者只需要根据自己实际情况选择合适的平台。

7.3.3 动画特效：让 H5 页面妙趣横生

动画就是一系列连续的画面按顺序呈现，各种元素从一种样式逐渐变为另一种样式的效果。H5 页面的设计制作者在页面适当使用动画特效，可以大大增加用户的观看乐趣。

"我的隐藏故乡"是网易文创推出的一个宣传"城市漫游计划"的 H5 页面。其用手绘的动画，在轻松的背景音乐下，主角小猫咪坐公共汽车来到用户手机屏幕中，用户帮助小猫咪进行各种选择，从而生成一张故乡海报，如

图 7-30 所示。

图 7-30   "我的隐藏故乡" H5 页面

7.3.4　SVG 特效：让 H5 更加灵活

SVG 是以 XML 为基础的，因而能制作出空前强大的动态交互图像效果。而且 SVG 的尺寸非常小，在 H5 中的加载速度也更快，具有十分灵活的扩展性能。"如果你有间设计工作室，你可以这样建设自己的品牌"是 CREATIVEDREAMS 推出的一个 H5 页面，风格简洁，运用黑色线条和少量彩色的图标装饰，向用户介绍工作室的"梦想与设计""从事的设计领域"，如图 7-31 所示。

图 7-31   "如果你有间设计工作室，你可以这样建设自己的品牌" H5 页面

在 H5 页面中的骑双人自行车经过的线条小人，以及缓慢填充颜色的图标就是通过 SVG 特效技术实现的，极具动态效果，为用户带来全新的视觉感受，如图 7-32 所示。

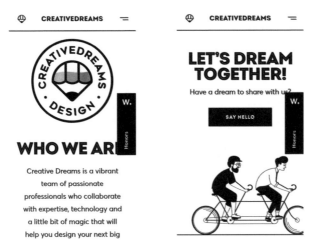

图 7-32　SVG 实现动态效果

7.3.5　拍立得特效：使 H5 互动性更强

拍立得原本是一种摄影技术，拍完就可以立刻得到照片效果。如今，H5 也可以模拟拍立得特效，并让整个 H5 画面充满创意，趣味多多。"一起回到妈妈的少女时代"是人民日报和火山引擎联合推出的一个 H5 页面，如图 7-33 所示。

图 7-33　"一起回到妈妈的少女时代" H5 页面

用户为妈妈拍照之后，只需选择照片风格即可上传一张正脸照，生成一张拍立得效果的老照片，如图 7-34 所示。

图 7-34　选择照片风格并上传照片

7.3.6　碎玻璃特效：让 H5 页面更加酷炫

在 H5 页面中模拟玻璃破碎的特效，可以让画面更加酷炫、更加令人震撼。同时，企业可以在玻璃碎掉后的页面中引出自己的营销主题，这种交互形式不仅比较新颖，而且不容易引起用户的反感。中国邮政储蓄银行推出的"百城试驾抢好礼"H5 页面就采用了碎玻璃特效，使画面更加酷炫，如图 7-35 所示。

图 7-35　"百城试驾抢好礼"H5 页面

第 8 章

H5 内容设计：打造爆品的不二法门

学前提示

在 H5 作品传播的过程中，首先映入用户眼帘的就是 H5 的视觉设计。因此，制作者必须通过精心的创意设计，让 H5 画面时尚且富有视觉冲击力。运用视觉创意来征服用户，不仅能够增加相关的产品销量，还能为企业打造品牌、塑造形象。

要点提示

- 版式设计：带来绝佳视觉体验
- 活动设计：吸引用户的有力形式
- 动效设计：让用户产生浓厚的兴趣
- 音效设计：塑造氛围，感受真实
- 交互设计：实现信息的有效传播

8.1 版式设计：带来绝佳视觉体验

如果 H5 作品中的内容是实力担当，图片是颜值担当，那么版式设计就是视觉担当。只有将版式设计做好，才能给用户带来最佳的浏览体验，并让他们成为 H5 的忠实粉丝。

8.1.1 视觉动线：合理布局，减少疲劳

H5 的视觉动线设计，主要通过合理布局 H5 页面中的各种主题元素，从而实现主动线和辅助动线的自然衔接，让所有的主题都处于人们的视线范围，尽可能地消除用户的视线疲劳感，让他们在 H5 页面停留的时间长一些。

通常情况下，用户的阅读习惯都是从上到下、从左到右，因此在设计 H5 时，可以利用内容的动态特性，对用户视觉产生牵引作用。此时，F 模式就能创建不错的视觉层次结构，用户可以一直从上到下、从左到右阅读，轻松扫描 H5 页面的整体内容，带来更加舒适的视觉体验，如图 8-1 所示。

图 8-1　F 模式的视觉动线设计

8.1.2 画面焦点：着重突出营销重点

H5 画面的尺寸比较小，用户停留的时间通常不会太久。而且 H5 页面经常会运用大量的动效设计，因此画面中的视觉焦点最好不要太多，要让用户能够快速、清晰地找到和识别，这样才能更好地突出 H5 的主题。

（1）一带多焦点：这种方式主要是在 H5 页面中设置一个画面强焦点，然后

一个主焦点带多个分焦点。这种设计方式不仅让 H5 画面更加充实，而且强焦点可以让页面的整体内容更加清晰，如图 8-2 所示。

图 8-2　一带多焦点

（2）多焦点平衡：需要在 H5 页面中展现多个主题内容时，制作者可以通过颜色、过渡和动效等方式来展现，使画面看上去更加平衡、和谐，如图 8-3 所示。

图 8-3　多焦点平衡

8.1.3　页面层级：主次分明，井然有序

　　布局 H5 页面内容时，制作者可以采用清晰的层级划分方法，将主次信息逐一交代清楚，以给用户带来更好的秩序感，使 H5 的内容能够被用户快速理解。设计页面层级时，可以用数字序号、分页主题、编号、按钮、图形元素、时间轴

以及不同色彩进行划分，从而更好地安排各个分页的内容，建立统一的层级关系。

"标记你的奇奇怪怪"H5 页面的设计层级就非常清晰明了，给出"step1""step2"这样的引导流程，使得整个 H5 页面井然有序，如图 8-4 所示。

图 8-4 "标记你的奇奇怪怪"H5 页面的设计层级

8.2 活动设计：吸引用户的有力形式

在 H5 的制作过程中，制作者除了要对内容进行优化，策划活动也是需要予以关注的。活动是 H5 吸引用户的有力形式，可以最大限度地引爆 H5 页面的热度，增强粉丝的黏性。

8.2.1 砍价活动：裂变式引爆产品热度

H5 砍价活动适用于那些难销售、难成交、难推广的大单商品，通过其裂变传播的属性可以扩大商品的推广面，使成交量提升。另外，H5 砍价活动还可以让用户的消费心理由"花钱买产品"转变为"花更少的钱买优惠"，轻松引爆产品的热度。

在砍价活动中，企业可以在 H5 页面中发布需要推广的产品或服务，然后制定原价与活动优惠价，并规定相应的砍价人数。用户打开 H5 页面后，将其分享给好友，邀请他们帮助砍价，邀请的人数越多，越可以砍到更低的价格，直至砍到企业设置的优惠价为止。

图 8-5 所示为某店铺推出的 H5 砍价活动页面，此活动抓住了用户的思维方式以及利益点，通过不断地进行砍价促销活动，不仅能够巩固现有粉丝，而且

还可以吸引更多的新粉丝，显而易见，这种裂变式营销模式能够将原有的用户量快速放大。

图 8-5 某店铺推出的 H5 砍价活动页面

那么，砍价活动在营销方面有什么优势呢？笔者认为，可以从以下 3 个方面来分析。

（1）"病毒"传播，用户的自发分享会引发更多的用户分享 H5，让企业的产品或品牌在不经意中通过 H5 大范围传播到许多人群中，并形成"裂变式""爆炸式"或"病毒式"的传播。

（2）快速引流，当用户砍价成功后，就会进行消费。这些用户都是企业的优质潜在用户，他们对产品或服务有很大的兴趣，这等于无形中帮助企业对客户进行了一次筛选工作，实现了快速引流。

（3）精准营销，H5 页面中的砍价插件可以快速收集用户信息，这些数据为企业的个性化营销和精细化运营提供了很好的依据。

当然，砍价活动真正实行起来还需要企业在选品和推广渠道上多下功夫。

（1）选品方面

● 首先降低消费者的决策成本，消除他们的顾虑。

● 要尽可能选择有诱惑力的大众型商品。

● 设定的目标价格要尽可能低，达到薄利多销的目的。

（2）推广渠道

● 通过公众号进行预热宣传，吸引粉丝参与。

● 通过个人微信使其传播到自己的微信朋友圈。

- 通过多个微信社群，形成"病毒"传播效应。
- 通过线下实体店，使用二维码宣传引流。
- 通过地面推广人员宣传，在线下发放印有 H5 砍价活动的宣传单。
- 其他社交媒体推广，如 QQ、微信、微博、贴吧等，通过这些社交平台来展示 H5 砍价活动。

8.2.2 抽奖活动：吸引更多用户参与

抽奖活动非常流行，而且效果十分突出，可以应用于自媒体吸粉、门店引流以及品牌营销等多种场景，是投资回报率最高的营销方式之一。

大转盘抽奖活动主要是将奖品放在一个圆形面板周围，并在中间设置一根指针，形状与时针比较类似。用户在抽奖时，指针会转动，当指针指向某个奖品时，用户即可获得该奖品。大转盘抽奖的活动营销可以与微信结合，从而获得更好的引流效果。

8.2.3 问卷调查：及时收集用户反馈

问卷调查是一种用于收集用户信息、反馈和喜好的活动，企业可以制作问卷调查 H5 页面，对用户意愿进行调查，知晓用户的购买意向。问卷调查的功能与在线表单看上去比较相似，但各有各的长处。表单善于收集用户信息，而问卷调查则善于获取更多的用户意向和行为，如调查用户常用的洗发水品牌或者用户最喜欢玩的手游等。

一般来说，问卷调查非常适合时间比较紧急、不能长时间答题的场景，而且还可以作为投票选举活动的工具，可以更加及时、有效地收集用户反馈，为企业 H5 的精准营销提供支撑。下面，笔者以人人秀为例，介绍在 H5 页面中添加问卷调查活动的具体操作步骤。

步骤01 打开人人秀编辑器，添加好背景。在页面中，打开"互动"界面，在左侧列表框中选择"活动"选项，在右侧"活动"类目中选择"问卷调查"插件，如图 8-6 所示。

步骤02 插入"问卷调查"插件后，单击屏幕右侧的"问卷调查设置"按钮，对问卷调查内容进行设置，如图 8-7 所示。

步骤03 单击"＋添加选项"按钮，在弹出的文本框中输入相应的问卷调查的问题，如图 8-8 所示。

步骤04 在"高级设置"选项卡中进行更多设置，只需勾选相应选项的复选框即可，如图 8-9 所示。

图 8-6　选择"问卷调查"插件　　　　图 8-7　设置问卷调查内容

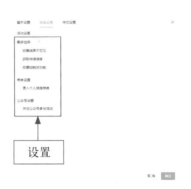

图 8-8　输入问卷调查的问题　　　　图 8-9　进行更多设置

步骤05 在"样式设置"选项卡设置按钮文字和颜色，设置完成后单击"确定"按钮，如图 8-10 所示。图 8-11 所示为设置完成的问卷调查 H5 页面。

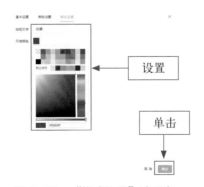

图 8-10　"样式设置"选项卡　　　　图 8-11　设置完成的问卷调查 H5 页面

8.2.4 投票活动：拉票机制，快速吸粉

投票活动是一项与众筹非常类似的营销活动，企业在 H5 页面中添加投票活动，并设置相应的奖励机制，从而快速吸粉、增粉。

人人秀平台的照片投票插件就是一个不错的投票互动活动，适合用于"萌宝大赛""学员投票""最美女神"等微信比较流行的投票活动。企业可以借用该插件开发营销活动，吸引用户自行上传照片参加比赛，然后将这些照片的点赞、分享或者评论数量作为评选依据，选出最受欢迎的照片，帮助企业实现快速吸粉的目的。

下面，笔者以人人秀为例，介绍 H5 页面添加投票活动的具体操作步骤。

步骤01 打开人人秀编辑器，设置好背景。在页面中，打开"互动"界面，在左侧列表框中选择"活动"选项，在左侧"活动"类目中选择"照片投票"插件，如图 8-12 所示。

步骤02 执行操作后，即可选择"照片投票"插件，单击"照片投票设置"按钮，如图 8-13 所示。

图 8-12　选择"照片投票"插件　　　图 8-13　单击"照片投票设置"按钮

步骤03 完成上述操作步骤后，弹出"照片投票设置"对话框，制作者根据自身需要在相应的选项卡中进行投票设置，完善照片投票活动，如图 8-14 所示。

图 8-14　进行投票设置

专家提醒

　　其中，选择"语音＋照片投票"选项后，参赛者报名时可以录制一段音频，作为自己的拉票宣言，投票者可以在投票页面播放音频。与传统的投票方式相比，"语音＋照片"的宣传性更强。

　　在投票方式的下方，还可以选择上传照片数量，默认为"上传1张照片"，人人秀平台支持上传多图（最多5张）。

步骤04　设置完成后，单击右下角的"确定"按钮，即可完成照片投票插件的设置，如图 8-15 所示。图 8-16 所示为设置完成的照片投票 H5 页面。

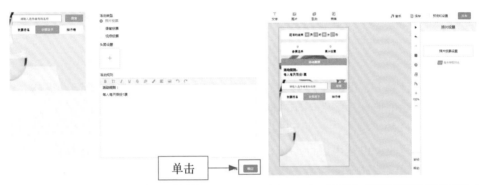

图 8-15　单击"确定"按钮　　　　图 8-16　设置完成的照片投票 H5 页面

　　照片投票页面制作发布完成后，H5 页面的制作者可以从后台查看活动数据，并对其进行分析，以更好地完善活动和 H5 页面，如图 8-17 所示。

分享推广	名称	活动类型	状态	开始时间	结束时间	参与人次	参与人数	操作
访客统计	照片投票	照片投票	● 进行中	2021-05-22 00:00	2021-05-22 23:59	0	0	数据 报表
数据汇总	问卷调查	问卷调查	● 进行中	2021-05-22 00:00	2021-05-22 23:59	0	0	数据 报表
接粉管理	照片投票	照片投票	● 已结束	2021-05-18 00:00	2021-05-18 23:59	0	0	数据 报表
	照片投票	照片投票	● 已结束	2021-05-18 00:00	2021-05-18 23:59	0	0	数据 报表
	7天打卡	7天打卡	● 进行中	2021-05-17 00:00	2021-05-24 23:59	0	0	数据 报表

图 8-17　数据汇总分析

　　当企业在后台查询投票记录时，可以看到投票者的微信头像、昵称和 IP 地址。企业甚至可以在后台更改票数，但是这种更改并不影响总投票数，需要谨慎操作。

8.2.5　卡券活动：更好地进行推广促销

　　微信卡券是腾讯在微信上推出的一款连接线上、线下活动的营销工具，企业可以通过这个功能更好地向用户推广促销活动，打造 O2O 消费闭环。

人人秀平台同样具有微信卡券功能，只需进行简单的设置即可制作一个微信卡券 H5 页面，建议 H5 页面制作与大转盘抽奖、游戏抽奖等互动游戏相结合，并将卡券作为游戏奖品分发给用户。通过这种营销形式，企业不仅可以快速、有效且低成本地完成促销活动，还能让用户获得更多实惠，促使他们进店消费。

8.3　动效设计：让用户产生浓厚的兴趣

如今，丰富细腻的动效遍布移动端优秀 H5 界面，为用户提供了良好的动态沉浸式体验。动效设计在 H5 交互中的逻辑展示和提高可读性方面是很重要的，当然其作用并不只限于交互展示，还有很多富有创意的设计都可以用动效设计来表现。

8.3.1　动效设计知识：事先了解，有备无患

动效设计是 H5 页面不可或缺的元素，可以让 H5 页面不再单调、乏味，比颜色设计和图形设计更能吸引用户眼球。

动效设计的主要工作就是为 H5 页面中的各种元素设计动作，如启动过程、运行过程以及收尾过程等设计动作，为其赋予一个流畅的视觉线索过程，让用户能够清晰了解这些动作的前后关系，以及元素的切换变化过程。

图 8-18 所示为人人秀平台提供的一个邀请函 H5 模板，其就运用了动效设计，使页面更具美感。

图 8-18　邀请函 H5 模板

好的 H5 页面动效设计，还必须融入情感来调动用户的情绪，让他们产生共鸣，为用户带来更好的体验。

8.3.2 动效设计：主要类型和实现方法

下面，为大家介绍 H5 动效的主要类型和实现方法。

1. GIF 动图

图像互换格式（graphics interchange format，GIF）是一种基于串表压缩算法（lempel-ziv-welch encoding，LZW）的连续色调的无损压缩格式，可以存多幅彩色图像，构成简单的动画效果。在设计 H5 动效时，我们可以直接导入 GIF 格式的动图来装饰，丰富画面效果，如图 8-19 所示。

图 8-19 将 GIF 动图应用于 H5 页面

2. 视频动效

视频动效比较容易实现，而且其沉浸感和感染力很强，很多 H5 作品都是直接在页面嵌入一个视频来进行封装设计，内置各种华丽酷炫的动画效果，为用户带来全新的视觉体验。

3. 代码动效

代码动效的主要形式有 CSS3、SVG、VR 全景、WebGL、JavaScript 以及 Canvas 等，虽然这些通常都是前端工程师来制作，但 H5 页面的设计制作者也需要了解，并与前端工程师一起完成 H5 的动效设计。

"夏日游乐 LOOK"是一个换装类的 H5 页面，采用漫画的设计风格，主题元素都是清凉的蓝色，背景是不断冒出泡泡的动效设计，采用了 Canvas 技术，用户为主角更换服装后即可生成搭配海报，如图 8-20 所示。

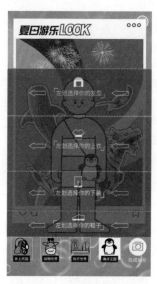

图 8-20　"夏日游乐 LOOK"H5 页面

4．帧动画动效

帧动画动效是一种比较传统的动画设计形式，而且其运动过程是可控的，能够生成比较复杂的动态效果。

8.3.3　转场动效：承上启下，切换效果

H5 的转场动效主要起承上启下的作用，用来展现各个页面的切换效果，让引导过渡更加自然，为用户带来更加流畅的体验。

转场动效的主要形式包括上移、下移、左移、右移、缩小、放大、立体翻转、旋转和动效转场等类型。当然，还有一些比较特殊的转场动效，如变形和拟物等。

8.3.4　内容类动效：展现丰富多彩的内容

内容类动效主要是指各种影视动画特效，有简单展示型的内容，也有可以进行交互的内容，动效丰富多彩，需要一定的专业能力来制作。

秦始皇帝陵博物院和新画幅文创联合推出的"铜车马搬新宫 潮车大接龙"H5 页面就采用了内容类动效的设计方式，通过国宝铜车马的搬家之路

带动场景的变迁，展示不同的历史文化故事，效果极抓眼球，如图 8-21 所示。

图 8-21　"铜车马搬新宫 潮车大接龙"H5 页面

8.3.5　辅助性动效：有效提升 H5 趣味性

辅助性动效的展示面积比较小，只占了画面内容的一小部分，而且持续时间也非常短，但其可以很好地增强细节部分的表现力，提升 H5 的趣味性。例如，可以给 H5 页面的关键字添加闪烁特效，为关键图标添加缩放特效等。

8.3.6　功能性动效：引导用户的操作

功能性动效主要起到引导作用，用来提示用户可以进行哪些操作，如提示用户翻页、点击某个按钮或者提示分享位置等。功能性动效的面积通常不大，不会影响整体的页面信息展示效果。

网易新闻和"马应龙"联合推出的"聆听宝藏的秘密"H5 页面就采用了功能性动效设计，让引导性的图标较页面中其他图案元素更亮，通过缩放引人注目，如图 8-22 所示。

图 8-22 "聆听宝藏的秘密"H5 页面

8.4 音效设计：塑造氛围，感受真实

音效是指声音所制造的效果，是一种为了增加 H5 场景的真实感、气氛或增进剧情而做艺术化处理的声音。音效作为 H5 创意表现的重要组成部分，是每个 H5 制作时都不可或缺的组成部分。

8.4.1 重要性：为用户带来沉浸式体验

H5 的音效设计是一种能大大提高 H5 体验的设计，主要作用如图 8-23 所示。H5 中的声音包括音效、配乐和音乐等类型，其中音效和配乐是设计者需要重点关注的元素，不仅要找到合适的素材，还要使用正确的搭配方法，如此才能让 H5 页面更加精彩。

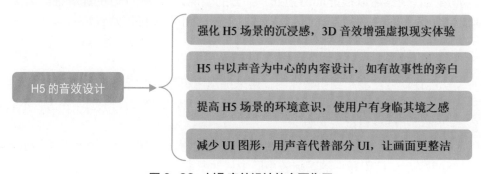

图 8-23 H5 音效设计的主要作用

vivo 为宣传新品耳机而推出的"鸟语专辑"H5 页面，就采用了大量的音效设计，以长图的形式展示了 30 多种不同的鸟，并为每只鸟都配备了不同的叫声，如图 8-24 所示。

图 8-24 "鸟语专辑" H5 页面

8.4.2 注意事项：确保声音为内容服务

H5 页面的设计制作者在制作 H5 的背景音效时，需要注意以下两个方面，如图 8-25 所示。

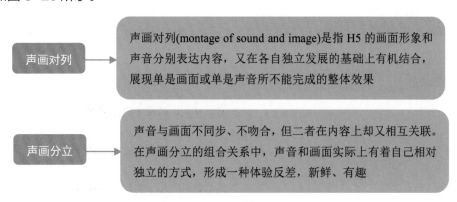

图 8-25 制作 H5 背景音效的注意事项

8.4.3 音效选择：与画面相辅相成

音效对于大部分 H5 来说，并不是主体元素，而是用于衬托主体的辅助性元素，是让 H5 更好地进行下去，同时让用户能更好地体验 H5 内容。

选择 H5 背景音效时，要让音效与画面相辅相成。H5 页面的设计制作者需要思考如何通过音效吸引用户。另外，音效的选择还要结合画面的整体氛围，切不可分散用户的注意力，必须保持音效和视觉的平衡。

8.4.4　音效分类：常见的 3 种 H5 音效

从 H5 音效的使用目的来说，常见的音效大致可以分成以下 3 种，如图 8-26 所示。

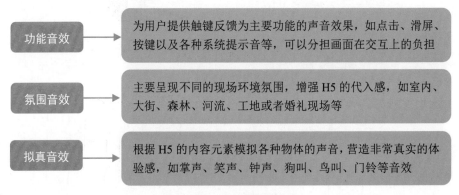

图 8-26　H5 常见的音效

8.4.5　如何获取：4 个有效的采集方法

H5 页面的设计制作者可以通过一些音效素材网站来获取所需音效，然后使用工具软件对其进行二次加工，如 Garage Band、Final Cut、Adobe Premiere CC 以及 Adobe Audition 等。H5 的音效采集主要有以下 4 个有效的采集方法，如图 8-27 所示。

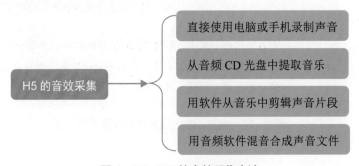

图 8-27　H5 的音效采集方法

对于 H5 页面来说，一个好的音效可以更好地体现视觉内容，能够帮助制作者强化 H5 整体的体验以感知质量。美妙的 H5 音效背景结合人物、场景和故事剧情，有助于提升用户的体验感，带来视听盛宴。

虽然音乐的魅力是无穷的，但那些喧宾夺主的音效设计却是不可采用的。H5 页面的设计制作者在设计 H5 音效时，切不可让声音过度吸引用户的注意力，使他们忽视了真正应当注意的内容。

8.5 交互设计：实现信息的有效传播

交互设计又称互动设计（interaction Design，IXD 或 IaD），是定义、设计人造系统行为的设计领域。企业若想在 H5 活动策划中实现信息的传播，必须要抓住"体验点"策划活动，让用户在活动中有一个难忘的交互体验，既能提高用户的参与度，又能将企业商业信息巧妙地传递给用户。

8.5.1 弹幕评论：实时互动，营造火热氛围

"弹幕"（barrage）这个词本意是指"密集的炮火射击"，如今，在视频中经常可以看到大量以字幕弹出形式显示的用户评论，这种形式也称为"弹幕"，它可以给用户带来"实时互动"的体验。

在开启了弹幕功能的 H5 页面中，用户只需要点击页面中的"留言"按钮，输入想发送的评论，就可以进行弹幕评论了。图 8-28 所示为人人秀的弹幕功能。

图 8-28　人人秀的弹幕功能

开启弹幕功能后，H5 页面的设计制作者还可以在人人秀后台管理弹幕内容，对其进行审核、删除、开启 / 关闭等操作，如图 8-29 所示。

图 8-29　管理弹幕内容

在 H5 页面加入弹幕，既不影响用户的观看效果，又能体现热闹的气氛，营造一种虚拟的社群氛围，为品牌带来较强的宣传效果。

8.5.2　点击触发：深度参与，以求更好的营销效果

点击触发事件的主要功能是使 H5 具有交互功能，让用户深度参与到 H5 的宣传中，以带来更好的营销效果。

1. 插入跳转链接

跳转链接是 H5 页面常常会用到的点击触发事件，企业可以在 H5 中添加各种商品、店铺和活动链接，让用户快速直达相应的页面，快速实现 H5 引流。

以人人秀为例，进入 H5 编辑器，选择要添加链接的按钮，在右侧窗口切换至"点击"选项卡，在"触发"列表框中选择"跳转外链"选项，如图 8-30 所示。然后在下方的网址处，用户可根据需求输入任意网址链接，如图 8-31 所示。

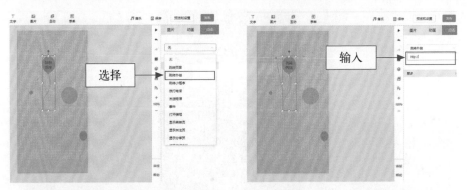

图 8-30　选择"跳转外链"选项　　　　图 8-31　输入网址链接

保存修改后，预览 H5 页面，点击设置好的"跳转外链"按钮，即可跳转到相应的网址链接。

2. 插入事件动画

在 H5 的表单或者互动游戏中，经常会用到事件动画功能，可以帮助企业完成很多营销任务，如购买、报名以及关注等。接下来，介绍插入事件动画的具体

操作步骤。

步骤01 制作者进入 H5 编辑器，选择要添加链接的按钮，在右侧窗口切换至"点击"选项卡，在右侧列表框中选择"事件"选项；并设置相应的触发事件名称，如图 8-32 所示。

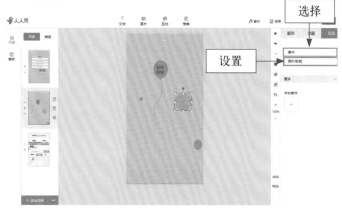

图 8-32 设置触发事件名称

步骤02 选择相应的图片，在右侧窗口切换至"动画"选项卡，添加一个动画效果，在"方式"下拉列表框中选择"事件"选项，并设置相应的事件名称（与前面设置的事件名称一致），然后设置相关的动画参数，如图 8-33 所示。

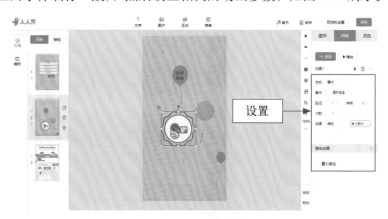

图 8-33 设置"事件"动画

专家提醒

对于 H5 营销而言，满足用户参与的需求是确保 H5 长久发展的重要因素。H5 制作平台发挥能够引起用户共鸣和参与的功能，通过与用户充分的互动，获得良好的参与效果。

步骤03 单击"图层"按钮 ◈，展开"图层"面板，单击该图片所在图层前的 ◉ 按钮即可，如图 8-34 所示。

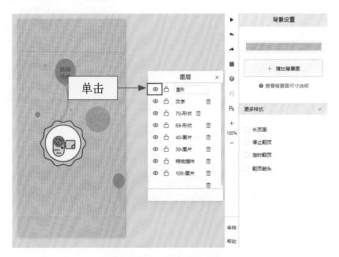

图 8-34 隐藏相应图层

步骤04 保存 H5 后，预览事件触发效果，点击页面中的"跳转链接"按钮，可以看到图片缓慢地出现在 H5 页面中，如图 8-35 所示。

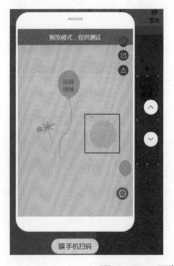
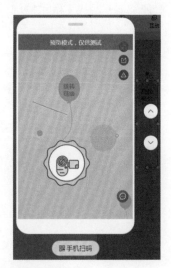

图 8-35 预览事件触发效果

8.5.3 互动游戏："蝴蝶效应"的营销效果

H5 互动小游戏活动是一种基于用户兴奋点的营销思维,可以收到"蝴蝶效应"

的营销效果，如图 8-36 所示。

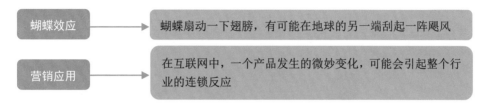

图 8-36　"蝴蝶效应"的概念和营销应用

　　H5 的互动游戏思维比较好理解，就是通过游戏互动吸引用户打开并体验 H5，企业则让用户在玩游戏的过程中了解品牌。游戏在 H5 营销中的地位举足轻重，H5 页面的设计制作者可以通过新颖的设计和简单却不单调的游戏规则，在短短几分钟内吸引大量用户。

　　"寻找妈妈的时光碎片"是新华网客户端推出的一个公益广告类 H5 游戏页面，用户在梦境中寻找关于妈妈的线索，在生活碎片中感受妈妈年龄的增长和生活重点的偏移，用户集齐妈妈的生活碎片之后即可完成游戏，如图 8-37 所示。"寻找妈妈的时光碎片"这一寻宝类的游戏和温情的游戏画面体现了强烈的人文关怀和母爱的伟大，感动了许多用户。

图 8-37　"寻找妈妈的时光碎片"H5 游戏页面

　　接下来，以人人秀为例，介绍在 H5 页面中添加互动游戏的具体操作步骤。

　　步骤01　进入 H5 编辑器，在页面中，打开"互动"界面，在左侧列表框中选择"游戏"选项，从右侧"游戏"活动类目中添加合适的互动小游戏插件，如

图 8-38 所示。

图 8-38　在"游戏"活动类目中添加合适的互动小游戏插件

步骤02　在弹出的对话框中，对已添加的游戏插件进行详细的设置，如在"基本设置"中设置活动名称、活动时间、规则内容，如图 8-39 所示；在"奖品设置"中添加游戏奖品；在"高级设置"中选择活动范围、抽奖、排行榜、强制关注；在"样式设置"中将游戏中的元素更换为企业图标。

图 8-39　设置游戏插件

步骤03　设置完成后，制作者单击"确定"按钮，既可以在电脑端预览 H5 小游戏，也可以在手机端进行试玩，以便随时更改、完善。图 8-40 所示为电脑端的预览效果。图 8-41 所示为手机端的试玩效果。

图 8-40　电脑端的预览效果

图 8-41　手机端的试玩效果

　　游戏是非常重要的 H5 互动营销手段，大多数热门 H5 营销案例都使用过互动小游戏进行营销。企业可以将游戏中的图片更换为自己的营销素材，当然，这些素材的安排要合理，不能出现得太牵强，否则会让用户有突兀之感。

　　利用游戏互动营销可以增加用户观看广告的时间，同时让参与游戏的用户抽奖，中奖门槛尽可能设置得低一些，将企业的抵用券或优惠券等作为奖品，以吸引用户到店消费。

第 9 章

H5 运营技巧：着眼于用户做好营销

学前提示

　　企业在营销推广过程中，需要善于给自己的产品立标签，比较传统的做法就是喊口号，其实我们可以将这些传统的广告技巧和 H5 相结合，并提升其效果，这就需要制作者根据用户的需求制订合适的运营方案，从而提升 H5 营销的精准性。

要点提示

- 五大思维：帮你做好 H5 营销
- 三点一线：引发共鸣，让人动容

9.1　五大思维：帮你做好 H5 营销

H5 集图文、音频和视频等元素于一体，正在深刻地改变着企业的营销方式。尤其是随着移动互联网的快速发展，H5 的互动功能可以帮助企业更好地作出深度微营销。本节，通过介绍 H5 在移动互联网营销上的研究探索与实践应用，以及当前企业的主流营销手法，总结了 H5 运营的五大思维。

9.1.1　流量思维：大面积 + 多渠道

如果说用户思维是以"用户为中心"的角度考虑问题，那么，流量思维则是以"流量多少"为主要的角度考虑问题，通过"大面积 + 多渠道"的"拉网"手法，拉来大量的人流。

在 H5 的流量思维中，最常用的方法是助力模式，也就是设定一个团队目标，用户通过邀请好友参与共同完成这个目标。人人秀中的"中秋月圆夜"模板就是一个典型的助力模式小游戏，如图 9-1 所示。

图 9-1　"中秋月圆夜"模板

打开"中秋月圆夜"H5 页面，用户熟悉游戏规则之后，就可以进行抽卡游戏，每人每天有 3 次抽卡机会，分享并邀请好友可增加抽卡机会，用户兑换的字卡套数越多，就越有可能以 0 元兑换限量奖品。

这种助力营销会通过微信朋友圈大规模扩散，使得用户之间可以快速分享和关注，形成"病毒式"传播和"乘数效应"，使得企业的营销活动成倍扩散，让流量源源不断地注入 H5 活动页面，从而迅速传播企业的品牌或产品。

9.1.2 借势思维：借势每一个社会热点

借势思维，是指将营销目的隐藏在 H5 活动中，从而使其融入用户喜闻乐见的场景中，使用户在这个场景中了解并接受企业的营销。在借势思维下，各种节日成为 H5 营销活动最常用的借势节日。作为一名优秀的 H5 页面设计师，必须对大大小小的节日了然于心，不能将它们只作为单纯的节日，而是当作一个个可以再次加工、借势的活生生的热点。

"开卷游山水，端午觅诗人"是腾讯微视推出的一个端午节活动的 H5 页面，在用户完成互动，生成海报的同时宣传企业品牌，如图 9-2 所示。

图 9-2 "开卷游山水，端午觅诗人"H5 页面

自从节日被贴上营销的标签之后，每到一个节日都是企业品牌最为活跃的时候，当然，借节日进行 H5 借势营销也需要相关技巧，如图 9-3 所示。

图 9-3 借节日进行 H5 借势营销的相关技巧

"开卷游山水，端午觅诗人"H5 的运营技巧，如图 9-4 所示。

利用传统端午节的热点进行借势营销

背靠腾讯，有强大实力，轻易汇聚流量

"开卷游山水，
端午觅诗人"

与传统节日契合的水墨画风，引人注目

采用滑动屏幕的转场方式，互动简单

随机出现不同的古代诗词，充满古韵

在专属海报中插入企业标识，吸引目光

图 9-4　"开卷游山水，端午觅诗人"的运营技巧

9.1.3　奖励思维：重赏之下，必有勇夫

奖励思维，是指通过在 H5 中给予用户一定奖励的形式，引导用户打开、参与、关注和分享 H5，同时让品牌得到有力的传播与推广。在 H5 营销中，奖励思维可以层层相套，设置多种奖励形式，提高用户的参与活跃度。

"美的无风感空调《瓷福研究院》"是美的空调在春节时推出的一个宣传类 H5 小游戏页面，如图 9-5 所示。

图 9-5　"美的无风感空调《瓷福研究院》"H5 小游戏页面

打开美的空调推出的 H5 页面后，用户首先看到的是红色的游戏界面，界面正中间是一个泥坯，用户通过滑动屏幕"捏出"瓷瓶，选择喜欢的釉色为瓷瓶上

色，上色完成后可以为家乡祈福，点击"点击转运"按钮，即可抽取美的空调的优惠券，如图 9-6 所示。

图 9-6 抽取美的空调的优惠券

"美的无风感空调《瓷福研究院》"通过让用户玩游戏获得奖励，大大提升了用户参与活动的积极性。游戏奖励的营销方式，吸引了许多用户的关注，进一步提高了品牌宣传的效果。

在 H5 中设置奖励，其实是为了抓住用户的"痒点"。制作者制订 H5 营销的奖励方案时需要综合考虑，如目标可实现性、活动氛围、活动力度以及开展时间，避免出现"有奖励无动力"的局面。H5 奖励活动如果设计得好，就会大大调动用户参与的积极性，企业也节约了营销成本，是一个双赢的结果。

专家提醒

"痒点"是指用户的心理满足感及潜在需求，促使用户产生一种想要的想法，当他看到或者听到某个感兴趣的产品时，心里就会痒痒的。如果说"痛点"是解决用户的问题，那么"痒点"就是激发用户的欲望，在情感或心理上为用户带来更好的满足感。

9.1.4 众筹思维：一滴水汇聚成海洋

"众筹"源于 crowdfunding 一词，顾名思义，就是利用众人的力量，集中大家的资金、能力和渠道，为某项活动提供必要的资金援助。众筹思维比传统的营销思维更为开放和灵活，可以筹人、筹智、筹圈子、筹渠道以及筹资源等，不仅传播方式快，而且扩散范围也非常广，能够产生较大的经济效益。

"快让她治愈你的坏心情"是小米有品推出的一个产品宣传类 H5 页面，如图 9-7 所示。H5 页面讲述了一个女孩一天中经历的所有烦恼，然后在小米有品的帮助下，治愈了坏心情。

图 9-7　"快让她治愈你的坏心情" H5 页面

小米有品推出的这个 H5 页面运用了小清新的设计风格，语言文艺优美，画面清新自然，给用户带来了视觉享受。在 H5 的结尾，用户可以点击购物车图标前往众筹商品。

9.1.5　生活思维：从群众中来，到群众中去

在移动互联网时代，成功的 H5 营销都是非常走心的，通过直击人心来实现品牌的推广。

优秀 H5 营销的关键在于掌握生活思维，也就是说，制作者需要充分了解用户，在他们的日常生活中寻找素材，如此才能制作出打动用户的 H5 作品，从而引发用户的情感共鸣。同时，在"走心"的 H5 作品中植入品牌广告，让用户在潜移默化中接受品牌的传播诉求。

9.2　三点一线：引发共鸣，让人动容

唐代诗人白居易在《与元九书》中写道，"感人心者，莫先乎情"，可见如果想要打动人心，就需要有"情"。情感是人人都有的，而情感的共鸣则是吸引用户眼球的绝佳方式。用心感受世间的情感，在 H5 中加入情感的因素，即可走进用户内心，形成口碑与话题的传播。

9.2.1　泪点：催人泪下，让用户记忆深刻

泪点，就是你看到了某个事物或某件事情，可以是文字，也可以是音乐，让你有想哭的感受。策划 H5 页面的内容时，制作者可以运用现实生活中的感人故事、温柔深情的画面以及简短煽情的文案等，将那些容易催人泪下的场景刻画出来，戳中用户的泪点。

"@ 所有人，微信十年有你"是微信平台推出的十周年纪念作品，这个 H5 作品通过分享 9 个与微信有关的暖心故事，展现微信带给社会大众生活的变化，在感谢用户的同时又体现了微信的分量与价值，如图 9-8 所示。

图 9-8　"@ 所有人，微信十年有你"H5 页面

打开 H5 页面之后，用户向下滑动屏幕即可观看 9 个小故事的动态封面，点击播放按钮就能看到故事的视频，每个小故事都是平凡人的故事，有亲情、爱情，更有家国情。所有的故事都与微信紧密贴合，与用户的生活息息相关，平凡的故事带来不平凡的感受。

下面，为大家分享 4 个戳中用户泪点的方法，如图 9-9 所示。

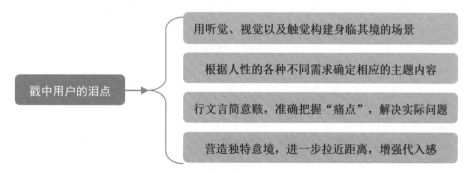

图 9-9　戳中用户泪点的方法

9.2.2 痛点：戳中"痛点"，满足用户需求

"痛点"是指用户的核心需求，是 H5 页面的制作者必须为用户解决的问题。用户在做某件事时觉得非常不方便，甚至做起来很痛苦，那么这件事就是用户的"痛点"。例如，当用户上班不是很远，但走路比较耗时间，而且乘公交车难等，还会经常堵车，此时共享单车就解决了用户上班的"痛点"。

一般来说，H5 的用户"痛点"大致可以分为以下两类，如图 9-10 所示。

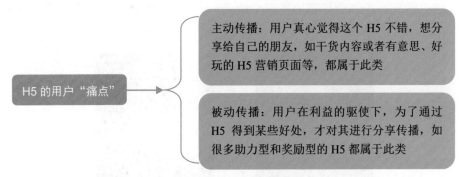

图 9-10　H5 的用户"痛点"

如何让用户去主动传播 H5？首先，H5 制作者必须把运营需求和用户"痛点"很好地结合在一起，在安慰或激励用户的同时推广自身活动、产品或品牌。满足用户"痛点"需求的方法，如图 9-11 所示。

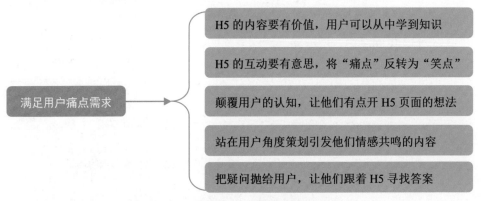

图 9-11　满足用户"痛点"需求的方法

很多人认为"痛点"不好挖掘，实际上挖掘"痛点"就是让 H5 页面的制作者换位思考：如果我是用户，我会希望这个 H5 给我带来什么？把自己当作要打开 H5 页面的人，就更容易找准用户的需求。

"Fresh，Healthy & Local. - Sreemoolanagaram, Kanjoor"是印度的

蔬菜水果公司 Thomas vegetables 为店铺做宣传制作的 H5 页面。在该 H5 页面中，制作者向用户展示了蔬菜水果的产品信息，反复强调这些蔬菜水果都是"本地生产的"，能让"你的家人保持身体健康"，如图 9-12 所示。

图 9-12　"Fresh，Healthy & Local. – Sreemoolanagaram, Kanjoor" H5 页面

　　上述 H5 页面向用户展示了蔬菜、水果的安全性，解决了用户对食品安全的"痛点"，让他们吃得更放心。

> **专家提醒**
>
> 　　此外，"痛点"的挖掘是一个长期过程，不可能马上完成，更不可能一步到位。它是细节方面的工作，同时也是用户最敏感的细节。H5 运营人员要从细节上开始挖掘，哪怕发现一个、两个也好，再认真体会用户的需求，如此才能挖掘到用户的"痛点"，这样的 H5 才能触动用户的心弦。

9.2.3　触点：触景生情，让用户为之动容

　　所谓"触点"（touchpoint），就是用户在与 H5 发生联系的过程中产生的沟通与互动的点。在人的成长过程中，不同的人在不同的时间和不同的地点，会经历不同的事情，H5 中的某个场景或者某些元素、某段音乐，就可能勾起用户曾经的回忆，让他们触景生情。

　　其实，在用户和 H5 接触的一瞬间，触点就已经产生了。让用户打开 H5 的

方式有很多，他们打开 H5 的原因也有很多，H5 页面的制作者该怎样利用用户的"触点"来营销呢？其实触点就是用户接触 H5 的每一个点，制作者可以通过整合这些点，让用户关注并感受 H5 的价值，从而对 H5 产生认同感，进而形成口碑传播。

"在豆瓣，遇见我|2020 豆瓣年度社区故事"是豆瓣在 2021 年新年之前推出的一个年度总结类 H5 页面，如图 9-13 所示。这个 H5 页面通过富有意境的简约插画、文艺及引人深思的配文，让用户回忆起 2020 年在豆瓣社区发生的各种故事，引起用户的共鸣。这样的 H5 页面既展现出了豆瓣社区的多元性和包容性，又让每一位用户在这里找到属于自己的归属。

图 9-13 "在豆瓣，遇见我|2020 豆瓣年度社区故事" H5 页面

"在豆瓣，遇见我 | 2020 豆瓣年度社区故事" H5 页面的开头非常自然地点明了宣传的主题"在这些故事中，你可能看到自己，也可能看到这个时代的某个切面"。用户在 H5 页面中阅读其他人的故事，那些故事有温暖的，也有悲伤的。从这些普通人的故事中，用户有时可以看到自己的某种缩影，从而触景生情，并为之动容。

9.2.4 故事线：增强 H5 的代入感

故事型的 H5 内容可以更容易被用户接受，一个好的故事能够让用户记忆深刻，进而拉近品牌与粉丝之间的距离。并且，生动的故事容易让用户产生代入感，对故事中的情节和人物产生向往之情。如果 H5 页面的制作者能创造出一篇好的故事，就可以很容易地找到潜在用户，并提高自己或者企业的信誉度。

　　"人间百太"是方太（FOTILE）推出的电影宣传类 H5 作品。在这个 H5 页面中，讲述了不同太太的生活片段，比如，恋爱中的沈太太、满头白发为丈夫剪头发的韩太太、和丈夫一起在雨中送孩子去医院的蒋太太等，用户通过观看不同太太的故事，增强自身的代入感，并在 H5 页面结尾选择自己喜欢的海报样式，上传照片生成专属海报，同时为即将上映的同名电影做宣传，如图 9-14 所示。

图 9-14　"人间百太" H5 页面

　　"人间百太"将不同太太的生活片段剪辑到一起，为用户展现了一个生活化的场景，温暖的氛围和亲切自然的故事，时时刻刻都打动着用户，增强他们阅读 H5 页面时的代入感。

　　并且，在最后生成海报的时候，用户输入姓名只能输入自己的姓氏和"太"字，此举更加增强了用户的代入感，仿佛自己就是这些故事中的一员，在这些幸福的日常生活中感受人生的温暖与美好。这样的 H5 故事既很好地向用户宣传了电影，又自然而然地点出了方太品牌的主旨——因爱伟大。

　　因此，H5 页面的制作者在制作 H5 页面的时候，需要学会使用温暖的故事来打动用户，最好是日常故事，让用户在阅读观看的时候产生代入感，这样才能更好地为自己、为品牌、为企业做宣传。

第 10 章

H5 营销推广：实现有效的移动营销

学前提示

目前，H5 渐渐成为移动运营者的标配、刚需，它既是运营者对外宣传的窗口，又是与用户交流的平台工具，同时也是个人创业的新平台。本章主要介绍 H5 与 IP、流量渠道和专业推广等内容，让制作者与运营者在 H5 的营销过程中更加得心应手。

要点提示

- H5 ＋超级 IP：让 H5 引爆文化内核
- 流量渠道：高流量、高转化、高回报
- 专业推广：精准灵活地锁定用户

10.1　H5 + 超级 IP：让 H5 引爆文化内核

"互联网 +"时代，各种新媒体平台将内容创业推向高潮，再加上移动社交平台的发展，为新媒体的运营带来了"粉丝经济"，一个个拥有大量粉丝的人物 IP 由此诞生，成为新时代的商业趋势。同时，迅速蹿红的还有 H5 + 超级 IP 这种新型营销模式。

借助超级 IP 可以获得个体强烈好感与追随，继而形成群体价值观，使 H5 拥有引爆文化的核心能量。对于企业或创业者来说，只有了解了 H5 + 超级 IP 的营销模式，才能在企业运营或创业过程中让它们为自己所用。

10.1.1　古文化大 IP：使传统文化焕发生机

在 H5 营销中加入很多古文化大 IP，如古建筑、历史名人、传统工艺以及神话故事人物等，并在其中添加一些创意的设计思路，可以让 H5 作品更加生动、有趣，带来更好的传播效果。

"带着窗花回家过年"是保利发展控股和网易新闻在新年时推出的一个产品宣传类 H5 页面，如图 10-1 所示。

图 10-1　"带着窗花回家过年"H5 页面

"带着窗花回家过年"在内容策划上非常独特，借鉴了中国新年传统的窗花元素，用户可以在窗花上自由创作，制作独属于自己的窗花。该 H5 页面还使用了传统的中国红，使其更有新年氛围，让窗花这一传统文化 IP 在新时代焕发全新活力。

10.1.2　人气公知 IP：速度吸引粉丝关注

人气公知 IP 包括各行各业的网络红人，如天下霸唱、南派三叔、同道大叔、papi 酱、李子柒等。随着"网红"经济的发展和互联网的盛行，粉丝群体的增长速度不仅令人震惊，也打通了这些人气公知的 IP 商业化道路。同时，企业或者个人的 H5 制作者可以在 H5 营销中借助这些人气公知 IP 的名人效应，快速聚集粉丝，提升 H5 的名气。

10.1.3　人气偶像 IP：具有强大的号召力

人气偶像 IP 通常自带流量，对于 H5 的宣传推广来说，他们本身就具有一定的粉丝基础和强大的号召力，这些粉丝很可能会转化为 H5 的用户，因此，借助人气偶像 IP 进行营销的成功概率会更大。

在借助人气偶像 IP 进行营销的时候，制作者可以让偶像与用户进行互动，增强用户的代入感。除此之外，还能让偶像的粉丝对 H5 的营销内容给予更多的关注。

10.2　流量渠道：高流量、高转化、高回报

现在，H5 的推广渠道非常多，包括微信朋友圈、公众号、微信群、微信好友、App 广告、QQ 空间、自媒体、二维码以及线下活动等。H5 的内容再完美，也需要对用户进行营销推广，并从中提炼它的价值，将 H5 推广出去，以此获得高转化率和高回报。

10.2.1　微信朋友圈：借助社交为 H5 吸粉

微信朋友圈的力量有多大，不言自明，大家都知道，企业或者个人的 H5 制作者可以利用微信朋友圈的强大社交性为自己的 H5 营销活动吸粉引流。

一般来说，H5 页面都会有一个转发按钮，只需要点击该按钮并将其转发至微信朋友圈即可实现社交性的营销吸粉，操作十分简单、方便。

而想要让用户转发、分享，就必须有能够激发他们分享传播的动力，这些动力源于很多方面，可以是活动优惠、集赞送礼，也可以是非常优秀的能够打动用户的内容，不管怎么样，只有给用户提供有价值的内容才会引起用户的注意和关注。

10.2.2　微信群：精准推送营销信息

微信群营销已经成为时下最热门的营销模式之一，它同微信朋友圈一样，都是一些微信好友的集成平台，在 H5 的营销过程中有利于目标客户的集结和信息

的精准推送。

微信群有很多技能是需要制作者进行了解的，首先是最基础的技能，包括修改群名称、查看群二维码、设置群公告等。千万别小看这些技能，它们在日常微信群的运营中发挥着重要的作用，比如，群主需要通过修改群名称来让微信群的功能、价值更加透明化，或者将自己的品牌价值观念传递出去，将一群志同道合、有着相同价值观念的群友聚集在一起等。

10.2.3 微信好友：从身边的人开始营销

通过微信为 H5 引流的办法有很多种，对于个人微信来说，通常的引流办法往往是通过 QQ 群或者附近的人来吸引粉丝，但是这样做会导致被踢出群或者被无视的后果。因此，H5 的引流还要讲究方法。

1. 导入手机好友

导入手机好友是一种非常简单的引流办法，制作者或者运营者将手机联系人中的好友导入微信好友列表，即可向他们进行引流。

需要注意的是，目前微信已经不再支持导入 QQ 好友，因此，运营者和制作者需要维护手机联系人中的好友，并将 QQ 引流和微信好友引流加以区别。

2. 微信账号和手机号、QQ 号三号合一

微信账号最好和手机号、QQ 号三号合一，别人通过手机号就能够添加到微信和 QQ，并且账号不能像一串英文加数字加符号这样过于烦琐，否则别人一看就没有想要添加的欲望。

而要实现微信号、手机号、QQ 号三号合一，只需要微信号与 QQ 号绑定同一个手机号即可。

3. 合作互推

在介绍与其他微信运营者建立合作互推关系之前，笔者要讲述一下微信的一项规定，对这一规定的解读是：未禁止公众号互推。什么意思呢？就是说，微信团队并没有禁止所有公众号进行互推，但是禁止以利益交换为前提，并且带有恶意营销性质的公众号进行互推。

了解了微信的规定之后，我们就可以把微信好友互推分类，也就是具体应该和什么样的好友进行互推，从而实现 H5 的推广，具体如图 10-2 所示。

笔者建议大家进行微信好友互推的时候，要多推人而不是直接推 H5，要学会利用个人的影响力间接为 H5 做宣传，不要动不动就直接做广告。

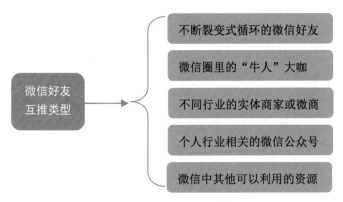

图 10-2　微信好友互推类型

4. 附近的人

微信有一个便捷的功能："附近的人"，使用这个功能能够添加周边的人，因此，对于聚会类型的活动添加好友是非常方便的。

"附近的人"的缺点是目标性不强，只要开启了该功能的都能互相搜索到，因此，难免会搜索到部分陌生人。制作者需要注意的是，通过"附近的人"搜索的朋友良莠不齐，因此在添加好友时，要立刻给对方备注信息，同时告知对方自己的身份。

5. 主动添加联系人

微信也可以通过主动添加联系人来推广 H5，主要因为很多人都是用手机号开通的微信，所以有了他们的手机号就相当于有了他们的微信号。然后添加他们微信的时候，会有一个验证申请，运营者或者制作者可以将自己的微信公众号输入该验证信息中，然后点击"发送"按钮即可。

在微信里推广 H5，传播效率比较高，企业或个人通过微信发布 H5 活动，用户可以在任何时间、任何地点查看。"熟人经济"在微信出现后，越来越被人们接受，很多人便把自己微信里的好友变成自己的客户，这种角色定位的改变源于朋友之间的相互信任。因为信任，才愿意参与 H5 营销活动，这也是微信营销最大的特色之一。

10.2.4　App：实现内容的跨界传播

App 即手机客户端（移动应用程序），App 引流是指通过定制手机软件、社交网络服务（social network service，SNS）及社区等平台上运行的应用程序，将 App 的受众引入 H5 页面中的引流方式。

如今，各种各样的 App 非常多，而且用户群体非常大，使用频率非常高，人们对很多 App 形成了一种习惯性需求，如微信、支付宝、百度地图、今日头条、大众点评等都是典型的代表。移动互联网带来的人口红利，让这些 App 和基于 App 的服务成为 H5 营销不可错过的强势流量入口。

在 H5 传播方面，通过 App 可以实现内容跨界传播的效果，不仅可以将内容很好地传播出去，而且还能强强联合，让彼此都能有收获，实现跨界共赢。

在微博中，通过微博开屏的封面广告位可以推广相应的 H5 活动。图 10-3 所示为雅诗兰黛在微博中投放的广告。

图 10-3　雅诗兰黛在微博中投放的广告

10.2.5　新媒体：实行"泛娱乐"战略

对于营销活动来说，没有用户就没有影响力，因此，吸引用户流量是 H5 营销的生存之本。在进行 H5 传播时，营销人员切不可只依赖单一的平台，互联网讲究的是"泛娱乐"战略，H5 页面的设计制作者可以围绕品牌营销定位这一核心，将 H5 向多个新媒体平台延伸，以此来联结和聚合粉丝情感，加强与他们的互动，实现高效引流。

常见的新媒体营销平台包括今日头条、百度百家、微信公众号、新浪微博、一点资讯、易信公众平台、搜狐公众平台、腾讯媒体开放平台、腾讯 QQ 公众号、网易号媒体开放平台、网易云阅读开放平台、凤凰号媒体开放平台、UC ＋开放平台和 UC 头条等，以及其他优秀新媒体网站和国内新锐自媒体平台，这些都可以作为 H5 的传播渠道。图 10-4 所示为通过微博来推广自己的 H5 广告。

图 10-4　通过微博来推广自己的 H5 广告

专家提醒

微博不仅是一种流行的社交工具，而且是一个重要的营销平台。对微博用户来说，这种方式也能更方便、快捷地看到 H5 信息，也就更加愿意接受企业这种宣传推广方式。

10.2.6　二维码：线上、线下，打通电商闭环

如今，在万人淘金的 H5 浪潮中，谁先找到市场切入点来快速引流，谁就是赢家。在移动互联网时代，二维码是连接线上、线下的关键入口，其让企业的 H5 传播更为高效。借助二维码，企业可以完成线上、线下的互动，打通电商闭环。

二维码又叫作二维条形码，它主要利用黑白相间的条形来记录各种数据符号信息，使用智能手机等电子扫描设备扫描二维码，即可自动识读其中的信息并实现信息自动处理。实质上，二维码的原理就是将各种文字数字等信息转化为二进制，然后再将二进制转化为几何图形。简单来说，就是将信息换算成二进制的几何图形，并生成一个矩阵图。

二维码对 H5 的引流价值是它可以进行线上、线下互动营销，引导用户快速获取信息，提升品牌关注度并带动产品或服务销售。同时，二维码还是 H5 内容很好的承载者，可以将公告、通知、消息甚至文章等 H5 内容"装入"其中，然后在微博和微信等社交网络中传播，让更多的用户扫描、阅读和分享转发，如

图 10-5 所示。

图 10-5　通过二维码分享 H5 作品

通过二维码将用户直接引导至 H5 页面甚至电商平台，可以实现覆盖面更广的传播，这是其他引流渠道难以完成的，因此，二维码具有极大的营销价值，是线下、线上不可或缺的 H5 营销工具。

10.2.7　线下活动：针对小的用户群体

H5 属于线上平台，但其同样有线下的营销方式。线下营销主要是相对线上而言的，目标也以小的用户群体为主。线下活动中 H5 的营销方式有以下几种。

（1）新店开张。H5 页面的制作者可以在 H5 中植入新店开张信息并发布活动，用户在 H5 页面玩游戏时自然能看到开业信息，从而在开业后前往门店消费。

（2）路演引流。在 H5 页面中提供奖品，发布活动二维码以吸引更多用户参与分享活动。另外，兑奖方式最好选择现场兑奖，让用户参与线下活动。

（3）实体店促单。为活动提供奖品，在 H5 中发布活动详情，让用户积极参与活动并引导用户线下兑奖，前往门店消费。

（4）现场互动。在 H5 页面中设定规则，限定只有现场的观众才能参与，传播与活动相关的 H5 页面，引导用户邀请朋友参加活动并进行线下抽奖。

（5）节日促销。在 H5 页面设置活动的时候可以设置成每个人都能中奖，从而使中了奖的用户前往平台兑奖、消费。

10.3　专业推广：精准灵活地锁定用户

虽然 H5 的推广渠道比较多，但与 App 相比，它有一个比较明显的推广短板，那就是缺少各类应用商店的流量。因此，H5 的设计制作者和运营者还需要运用一定的 H5 推广技巧，在有限的推广渠道下更好地传播 H5。

10.3.1　戳中"痛点"：让用户冲动起来

互联网时代的内容多样化为各种各样的线上营销活动提供了良好的外部营销环境，而企业或者个人要想 H5 获得更多的用户关注，就不能错过软文营销这把利剑。软文必须要有"痛点"，如果找不到用户的消费"痛点"，结果就只有一个，那就是隔靴搔痒，永远没有办法让用户冲动起来。

"痛点"，就是用户因某方面没有得到满足或没有达到原本的期望引发的一种负面情绪，也可以是用户对产品或服务的期望与现实不符形成的一种心理落差。H5 营销要抓住消费者的"痛点"，来激发用户的消费欲望，其流程如图 10-6 所示。

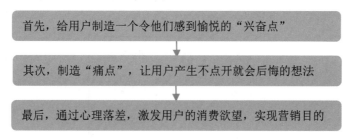

图 10-6　通过"痛点"来激发用户消费欲望的流程

在利用软文进行 H5 营销的过程中，一定要注意内容的价值性和实用性，这里的实用是指符合用户需求，如对用户有利、有用和有价值的内容，如图 10-7 所示。

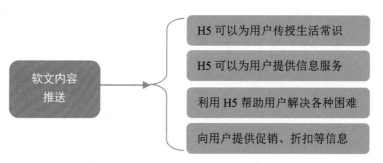

图 10-7　软文内容推送的价值性

10.3.2　数据：实现 H5 的精准投放

H5 营销活动发布后，我们仍然不可松懈，要紧跟营销活动进行效果分析。一般来说，制作 H5 页面的平台都会为制作者提供 H5 页面的各项数据，包括流量、独立访客、地域统计、页面统计等。制作者或者运营人员可以根据这些数据分析和解决自己的 H5 页面设置、活动安排营销方式、地点等问题。

10.3.3 微信设置：方便快速，实现一键投放

除了前文讲述的大方向的推广技巧外，H5 营销在推广过程中还需要注意一些小细节。尤其在微信上传播 H5 时，一定要用好"阅读原文"链接和自定义菜单，从而实现"一键快投"的效果。

自定义菜单管理是公众号进行栏目设置的一个重要功能，是微信订阅者点开或者关注某一个微信公众号之后，首先出现在页面最下方的几个栏目。图 10-8 所示为"手机摄影构图大全"微信公众号设置的自定义菜单栏目。

图 10-8　"手机摄影构图大全"微信公众号设置的自定义菜单栏目

微信公众号的自定义菜单栏是由微信公众平台的运营者自己设置的，因此并不是所有公众号都有菜单栏。微信公众平台规定，一个公众号可以添加 3 个一级菜单，而一个菜单下最多可以添加 5 个子菜单。

虽然微信对广告做了很多方面的限制，但我们还可以利用图文消息中的"阅读原文"跳转链接来推广 H5。另外，还需要充分利用自定义菜单，这是微信提供给企业为数不多的跳转链接，通常新关注公众号的用户都会将其中的自定义菜单浏览一遍，查看有没有自己喜欢或者想要的东西。这种用户持续进行的主动浏览行为，可以为 H5 带来比图文群发更高的浏览量。

第 11 章

H5 广告案例：给用户带来全新体验

**学前
提示**

　　优秀的 H5 广告营销案例，通常都具有一定的亮点，如精致的创意策划、精美的视觉设计、精彩的互动体验等，可以让用户快速地联想到具体的情景或者回忆起某件相关的事情，从而更好地曝光品牌、宣传产品。

**要点
提示**

- 产品推广案例：有效实现变现
- 品牌宣传案例：打响品牌名声

11.1　产品推广案例：有效实现变现

一般来说，产品推广是 H5 营销中极其重要的事情，可以让企业的产品、品牌或者个人的形象在 H5 的传播中深入人心。产品通过 H5 的页面进行营销推广，可以最大限度地吸引用户关注产品，从而实现产品的有效变现。这是一种常规的营销方式，同时也是一种十分行之有效的营销方式。

11.1.1　小米：MIUI 12.5

"MIUI 12.5"是小米公司为宣传其新推出的手机 MIUI 12.5 制作的 H5 页面。"MIUI 12.5"是一个十分典型的产品推广类 H5 页面，整体没有"顾左右而言他"，而是直截了当地为用户展现手机的外观、性能、推荐机型等信息，如图 11-1 所示。

图 11-1　"MIUI 12.5"H5 页面

"MIUI 12.5"的 H5 页面以深色调为主，为用户带来更具科技感的视觉感受，与新款手机这一营销主题更加契合，从而更能凸显产品优势。

此外，"MIUI 12.5"H5 页面的滑动转场十分流畅，动态效果也十分酷炫，粒子光效、3D 旋转、SVG、Canvas 等技术使得 H5 页面给用户带来了极具震撼效果的观看体验，并让用户心潮澎湃，从而对 MIUI 12.5 型号的手机产生巨大的好奇心理，并愿意下单购买产品。

"MIUI 12.5"在内容设置上并没有使用什么花样的创意，也没有使用什么意想不到的方式来向用户展现产品，而是在内容展现上下功夫，采用多种技术来进行产品的推广，为用户带来全新的视觉体验。因此，"MIUI 12.5" H5 页面一经推出，便受到了许多营销人和广告人的转发和追捧。

"MIUI 12.5"取得成功主要有以下 5 点原因，如图 11-2 所示。

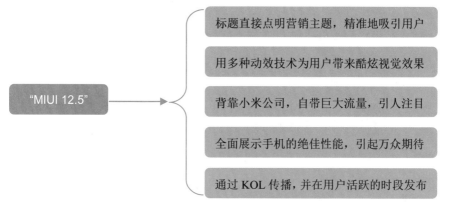

图 11-2　"MIUI 12.5"成功的原因

当 H5 页面的制作者和运营者没有想出很好的创意来进行 H5 的产品推广时，不妨学习借鉴小米公司的营销思路，直接向用户展示产品的优势，让用户一目了然，而且酷炫的视觉效果可以让用户记忆深刻。

专家提醒

KOL（key opinion leader）是关键意见领袖的意思，通过 KOL 传播 H5，可以增加用户对 H5 营销的信任度。

11.1.2　COCO 奶茶：啡行日记 滤挂咖啡

"啡行日记 滤挂咖啡"是由 COCO 奶茶推出的一个产品推广类 H5 页面，通过手绘插画与互动小游戏相结合的方式，向用户介绍新品咖啡的各种相关信息，如图 11-3 所示。

"啡行日记 滤挂咖啡"的 H5 页面整体配色十分大胆，采用的都是明亮的、比较活泼的颜色，让用户观看时不会轻易产生视觉疲劳。并且，其中的场景描绘、色彩搭配以及玩法互动，都与咖啡宣传的清净口感相契合，更能给用户带来一种代入感，不会让人"出戏"。

此外，值得注意的是，在 H5 页面结尾的地方，"啡行日记 滤挂咖啡"还提供了多种海报供用户选择，用户可以根据自己的喜好导出海报，极大地提高了用户的自由度，为 H5 页面带来更好的引流效果。

图 11-3 "啡行日记 滤挂咖啡" H5 页面

图 11-4 所示为"啡行日记 滤挂咖啡"两张不同的 H5 海报，调动了用户的好奇心理，让用户忍不住想要了解其他海报的内容。

图 11-4 "啡行日记 滤挂咖啡"的 H5 海报

从内容展示来进行分析，"啡行日记 滤挂咖啡" H5 页面也十分具有创意，H5 是一本女生的日记本，用户点击打开日记本，即可跟随女生畅游世界美景。例如，女生骑着鹦鹉来到热带雨林，骑着海鸥来到圣托里尼，上海涌泉坊、云南梯田、土耳其热气球、左岸上都留下了她的足迹。

每到一个地点，用户都可以点击冲泡咖啡，此时咖啡的热气生成不同的海报，用户在海报界面可以选择继续游览，或者是保存海报。

"啡行日记 滤挂咖啡"H5页面取得成功的原因，可以从页面配色、页面设置、内容搭配等方面来阐释，如图11-5所示。

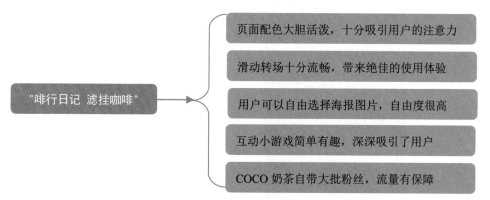

图11-5　"啡行日记 滤挂咖啡"的成功原因

因此，不管是H5页面的制作者还是其产品推广的运营者，进行H5页面的生产与营销推广时，都需要保障其页面内容的合理性与搭配性，让H5页面为推广的产品服务，为营销推广带来更高的转化率。

> **专家提醒**
>
> 当然，H5的营销推广也不能忽视互动小游戏和用户自由度这两个重要元素。
>
> 互动小游戏能为H5页面带来更强的趣味性和参与感，从而让产品的营销推广更加顺利；而用户自由度则能让H5页面焕发新的生机，调动用户的好奇心理，让用户更想、也更愿意去探索H5中的其他内容。

11.1.3　凯迪拉克：XT4 燃战 G7 公路

在使用H5进行产品的营销推广时，制作者也可以通过使用重力感应、全景、Canvas、AI、AR、VR等技术来增加H5页面的趣味性，使得产品的营销推广更能吸引用户的注意。

凯迪拉克为推广新款汽车而制作的"XT4 燃战 G7 公路"H5页面就采用了重力感应和全景技术，用户通过晃动手机屏幕进行转场来获得全新场景，再以全景的方式观看美景，点击进入后即可查看 XT4 汽车在火山、草原、峡谷、湖泊等地方的使用情况，如图 11-6 所示。

图 11-6 "XT4 燃战 G7 公路" H5 页面

通过重力感应技术和全景技术的加持，再加上视频的运用和极具动感的视觉效果，用户很容易就被"XT4 燃战 G7 公路" H5 页面中要推广的产品吸引眼球，从而愿意预约购买新车。

"XT4 燃战 G7 公路"的成功原因可以总结归纳为以下 4 点，如图 11-7 所示。

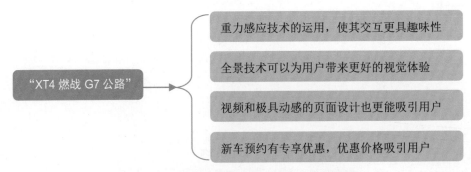

图 11-7 "XT4 燃战 G7 公路"的成功原因

因此，H5 页面制作者与运营者，在进行产品的推广与营销时，要善于大胆地运用新技术，或者多种技术相结合，使自己的 H5 页面更加酷炫、更加吸引用户注意，从而为广大用户带来更加震撼炫目的视觉体验与流畅丝滑的使用体验。

当然，运用新技术时也要注意画面与产品相统一，让 H5 页面内容更加和谐，收到更好的营销推广效果。

11.1.4 博士伦：裸感，仿若天生

在制作H5页面进行产品的营销推广时，对于那些不好展现的内容，制作者可以采用手绘漫画的形式，向用户全方位地展示产品优势。一般来说，漫画的展现形式更能吸引用户的眼光，能够轻松引起用户联想，从而更好地推销产品。

博士伦为宣传其推出的"裸感"日抛隐形眼镜，就采用了漫画的方式推出一个名为"裸感，仿若天生"的H5页面，向用户介绍产品，并喊出"人眼仿生裸感水润"的口号，让用户记忆深刻。

"人眼仿生裸感水润"中的"裸"字是关键字，但是一般来说，"裸"这一使用感受很难展现在用户面前。

于是，博士伦另辟蹊径，从"裸"中联想到用户在生活中的隐忍场景，并根据用户在这些场景中的选择来判断他们裸露内心的指数。这样做既表达了"裸"这一主旨，又很好地宣传了隐形眼镜，如图11-8所示。

图11-8 "裸感，仿若天生"H5页面

通过漫画的形式，"裸感，仿若天生"很好地展现了不易表达的内容，并且运用的小故事都是人们在日常生活中会遇到的，并为之感到不满的事情，例如，约会迟到的男友、不讲道理的甲方、喜好炫耀的同学，以及在公共场合喧哗的人等，用户滑动屏幕即可选择如何应对，既能反击也能隐忍。

那么，"裸感，仿若天生"H5页面是怎样吸引用户眼球的呢？其他H5页面的制作者与运营者又可以从中学到什么经验呢？其成功原因可以总结概括为以下

4点，如图 11-9 所示。

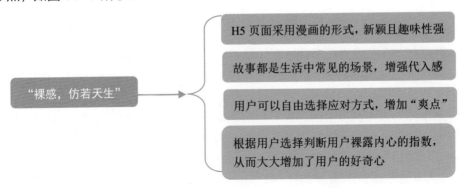

图 11-9 "裸感，仿若天生"的成功原因

在 H5 中添加一个"心理测试"的功能也不失为一个吸引用户的好方法，能够让用户自发地点击、分享 H5，收到裂变式的传播效果，用小成本获取高回报。

11.1.5 稳捷 One Touch：你有多久没给爸妈打电话了

在 H5 中添加模拟来电也是一种很好的产品推广方法，这种方法能够增加用户观看阅读 H5 时的代入感，如果在模拟来电中加入其他 H5 的表现方式，如视频、图像、声音等，代入感会更强。

图 11-10 所示为稳捷（One Touch）为推广宣传血糖仪而推出的一个名为"你有多久没给爸妈打电话了"的 H5 页面，运用模拟来电与视频相结合的方式，利用亲情感动人的同时既增加了用户的代入感，又宣传了产品。

当用户点击进入 H5 页面之后，屏幕中会弹出一个通话请求，用户点击拒绝，就会出现"你不想家，但家想你了，给家里打个电话吧"的对话框；用户点击接听，H5 就会以一个爸爸接听女儿电话的视角开始讲述故事，口述与视频相结合，使得整个 H5 的故事更加真挚感人。

值得注意的是，在"你有多久没给爸妈打电话了？"这个 H5 页面中，父亲报喜不报忧，口述的场景与视频中展现的场景完全相反，这样强烈的对比更能打动用户，使得 H5 产品的宣传营销真正地走入子女的内心，从而让他们愿意为家里的长辈购买血糖仪。

那么，稳捷推出的"你有多久没给爸妈打电话了？"的 H5 页面中，有什么经验值得 H5 页面制作者学习呢？其成功经验可以从内容和页面两个方面来阐述，如图 11-11 所示。

图11-10 "你有多久没给爸妈打电话了？" H5页面

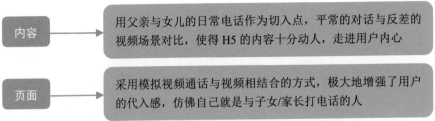

内容	用父亲与女儿的日常电话作为切入点，平常的对话与反差的视频场景对比，使得 H5 的内容十分动人，走进用户内心
页面	采用模拟视频通话与视频相结合的方式，极大地增强了用户的代入感，仿佛自己就是与子女/家长打电话的人

图 11-11　"你有多久没给爸妈打电话了？"的成功经验

因此，H5 页面的制作者和运营者可以选择"以情动人"，用温暖的故事打动用户，形式上可以用模拟通话与多种技术相结合的手法，增强用户代入感，让他们心甘情愿地为产品埋单。

11.1.6　UR：虚拟绿洲剧本杀

如今，剧本杀是一种极其火爆的游戏，吸引了不少年轻人参与，而 H5 的实时互动属性是 H5 能够吸引大批用户的主要原因。所以，将剧本杀与 H5 相结合，既增强了 H5 的互动属性，又能以剧本杀的游戏形式吸引更多用户，可谓一举两得。

UR 为了宣传推广其"绿洲"主题的新款服装，推出了名为"虚拟绿洲剧本杀"的 H5 小游戏，模特儿们身穿新款服装，拍摄互动 H5 视频，如图 11-12 所示。

图 11-12　"虚拟绿洲剧本杀"H5 小游戏

打开 H5 界面后用户会看到几扇旋转的门，出现文字导语后可以看到四位穿着 UR 新款服装的模特儿背靠背围成一圈，用户需要根据视频中的画面和文字信息，找出是谁先打开了门。选择正确，用户可以继续观看视频；选择错误，则跳转至新品宣传页面获取相关信息。最后，用户只需要找出不在幻境中的模特儿即可到达彼岸，选择错误则会出现提示。

"虚拟绿洲剧本杀"采用真人拍摄的形式，在 H5 中直接向用户描述衣服的设计要点，仅仅是让模特儿穿上拍摄视频，在选择错误的时候跳转至宣传页面让用户从新品宣传中找到答题线索。这样的 H5 形式互动性十分强，将产品宣传的目的隐藏在视频中，更能引起用户的好奇心。

"虚拟绿洲剧本杀"H5 小游戏取得成功的原因，如图 11-13 所示。

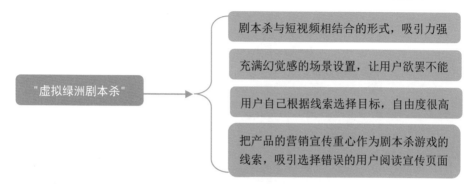

图 11-13 "虚拟绿洲剧本杀"的成功原因

因此，在进行 H5 产品宣传时，制作者和运营者不妨试试剧本杀这种互动性强的游戏模式，并不一定要亲自拍摄视频，只需要根据产品的特点来选择页面表达方式即可，比如照片、漫画等形式。一般来说，互动性强的 H5 游戏总能吸引用户眼球，博得他们的好感。

11.2 品牌宣传案例：打响品牌名声

H5 可以表达更加多元化的商业需求，形成强势的品牌宣传，适配多场景的商业表达推广，企业可以自定义 Logo 和底标等品牌标识，满足品牌的第一时间推广需求，从而打响企业的品牌名声。

同时，企业还可以在 H5 中建立专门的品牌历史页面，将品牌信息一览无余地展现出来，也可以将品牌元素融入各种互动活动或者小游戏，在潜移默化中将品牌深深植入用户心中，使他们对品牌产生兴趣。

11.2.1　中国平安：人生真相诗

在进行品牌宣传的 H5 中，并不一定要在 H5 中直白地展示企业品牌怎么好，或者品牌内容是什么，这样反而容易引起用户的反感。企业或者个人可以在 H5 中选择与品牌形象相契合的内容，或文艺或小清新或复古，以此来进行品牌的传播。

"人生真相诗"是中国平安推出的一个品牌宣传类 H5 页面，通过书籍的形式将 H5 展现给用户，借用知名作家撰写的序言，为用户生成专属的人生真相诗，如图 11-14 所示。

图 11-14　"人生真相诗"的 H5 页面

用户打开"人生真相诗"之后，即看到一本合上的书籍，向右滑动手机屏幕即可翻开，书中的文字内容是知名作家的作品，营造出一种文艺范儿的氛围。再加上整个 H5 页面都是暖色调的颜色，黄色与红色奠定了 H5 的温暖基调。

这种文艺范儿与温暖的 H5 页面内容，与中国平安的品牌形象不谋而合，更加迅速且高效地使得品牌形象传播出去，给用户留下好的印象。

那么，"人生真相诗"何以成功地得到用户的追捧呢？其原因可以从 H5 的内容、页面设置、配色、互动等方面来阐释。

（1）内容。

"人生真相诗"的 H5 内容设置得十分合理，借用知名作家的名言来增加品牌的文化气息，从而博得用户好感。

（2）页面设置。

"人生真相诗"的页面设置简约而不简单，简约的页面内容给用户带来更为舒适的视觉体验，但又在简约的页面中把要展现的内容全都表达了出来。

（3）配色。

"人生真相诗"的配色十分和谐，温暖的颜色与企业的品牌形象更加契合。

（4）互动。

"人生真相诗"的互动方式也不繁杂，采用轻量级的互动方式，用户只需点击滑动屏幕即可，既与简约的页面设置相契合，又让用户的使用体验更加舒适。

11.2.2　网易云音乐：遇见时光里的自己

如今，许多企业在每年年底的时候，都会进行年度总结，这个年度总结可以是公司自己内部的，比如年度表彰大会；也可以是企业为用户制作的，比如支付宝的年度账单等。通过年度总结，可以让用户清晰地了解自己在过去的一年中对于某一企业品牌的使用状况。对于企业来说，年度总结也是一种很好的留住用户的方法。

网易云音乐每到年底的时候，会为每一位用户发布一个专属的"年度听歌报告"H5 页面。图 11-15 所示为网易云音乐发布的名为"遇见时光里的自己"的年度总结类 H5 页面。

图 11-15　"遇见时光里的自己"H5 页面

"遇见时光里的自己"是网易云音乐 2020 年年度的总结作品，是根据用户在网易云音乐 App 中的听歌记录生成的总结报告，帮助每一位用户回忆这一年中听歌的时光，从而提升网易云音乐的品牌形象，极大地增强用户对 App 的黏性。

打开 H5 作品后，用户即可跳转至网易云音乐 App，点击选择个人形象并生成年度听歌报告。听歌报告包括下载 App 的时间、听歌总量和总时长、春夏秋冬四个季节中最爱的歌、单曲循环最多的歌等内容，听歌报告生成完毕之后，用户可以选择保存听歌海报或者观看自己的年度报告视频。

那么，在"遇见时光里的自己"H5 页面中，有什么可以供 H5 页面制作者学习借鉴的经验呢？"遇见时光里的自己"的成功经验，如图 11-16 所示。

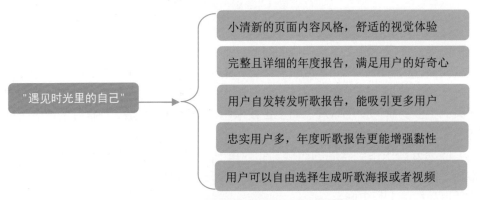

图 11-16 "遇见时光里的自己"的成功经验

当然，H5 报告不仅为用户提供部分年度报告，也有企业对自己的工作做出报告，向用户展示自己的品牌形象，以此来提高用户对企业的信任度，比如季度总结、年度总结等 H5 报告。图 11-17 所示为小红书在 7 周年时发布的总结类"我的 7 年相册"H5 页面，使用用户在这 7 年中的变化来展示小红书 App 的进步与发展。

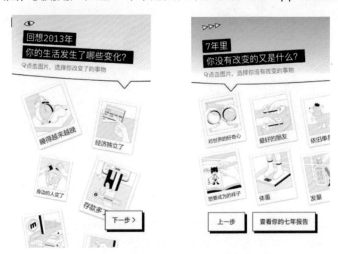

图 11-17 "我的 7 年相册"的 H5 页面

11.2.3 咪咕圈圈酱：你有一封面试邀请函

游戏一直都是一种十分吸引用户的宣传推广方式，其互动性、趣味性、娱乐性能够让用户放松身心，得到愉悦的心理感受。因此，企业在利用 H5 页面进行品牌宣传时，使用 H5 小游戏的互动方式，不失为一种好的选择。

在我国博物馆日这一天，咪咕圈圈酱就结合博物馆这一热点，推出了一款 H5 小游戏——"你有一封面试邀请函"。在这款 H5 小游戏中，用户扮演博物馆的应聘者，参与答题游戏，达到相应的分数即可"被录取"，反之则"未被录取"，如图 11-18 所示。

图 11-18 "你有一封面试邀请函"H5 小游戏

"你有一封面试邀请函"是一款古文字识别类的 H5 互动小游戏，用户点击"立刻应聘"按钮即可开始游戏，在屏幕中间会出现 3 个文物及陈列博物馆，即"甲骨""鼎""碑"，这 3 个不同的文物分别代表 3 种不同的古文字，即甲骨文、金文和小篆，用户点击相应的文物图案即可进行答题。

"你有一封面试邀请函"H5 页面整体以浅棕色为主色调，烘托了"古文字"这一主题，再加上特意做旧模糊处理的文字和图案效果，更有一种历史的厚重感。在游戏的过程中，用户可以了解到与古文字相关的知识，感受到古文化的乐趣，在发扬中国传统文化的同时塑造了品牌形象。

那么，"你有一封面试邀请函"H5 互动小游戏的成功，能够为 H5 页面的制作者与运营者带来什么经验启示呢？其成功经验可以从页面、风格、内容、内核这 4 个方面来考虑，如图 11-19 所示。

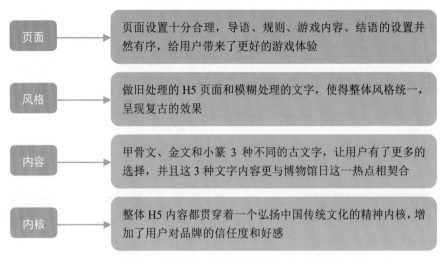

页面	页面设置十分合理，导语、规则、游戏内容、结语的设置井然有序，给用户带来了更好的游戏体验
风格	做旧处理的 H5 页面和模糊处理的文字，使得整体风格统一，呈现复古的效果
内容	甲骨文、金文和小篆 3 种不同的古文字，让用户有了更多的选择，并且这 3 种文字内容更与博物馆日这一热点相契合
内核	整体 H5 内容都贯穿着一个弘扬中国传统文化的精神内核，增加了用户对品牌的信任度和好感

图 11-19　"你有一封面试邀请函"的成功经验

11.2.4　饿了么：这是什么神仙外卖

前文中已经提到要给 H5 添加一个精神内核，而这个精神内核既可以是新时代新思想，也可以是我国的传统文化。给 H5 添加精神内核之后，制作者要考虑的就是如何将这一精神内核与 H5 内容相结合，且以何种方式传达给受众。

一般来说，H5 的内容展现不外乎文字、图片、视频、图标等内容，那么，如何用有限的展现方式带给用户不同的视觉感受呢？制作者可以在表达方式上下功夫。

饿了么外卖为宣传"双十一城市囤券节"活动而推出的"这是什么神仙外卖"H5，就采用了图片的展现方式，手绘的彩色敦煌飞天图与说唱相结合的表达方式，十分具有创意。

"这是什么神仙外卖"用传统与现代融合的方式既给用户带来了全新的视觉感受，又传达出"囤券节"给人们带来的美好生活，还能宣传传统文化，塑造品牌形象。图 11-20 所示为"这是什么神仙外卖"的 H5 页面。

在"这是什么神仙外卖"H5 页面中，敦煌壁画中的神仙为群众送外卖，给用户带来美好的生活，触动了不同消费者的消费需求，吸引更多用户参与活动，从而提高饿了么外卖的品牌影响力与用户的黏度。

"这是什么神仙外卖"H5 取得成功的原因可以归纳为以下 5 点，如图 11-21 所示。

图 11-20　"这是什么神仙外卖"H5 页面

"这是什么神仙外卖" →
- 传统的敦煌壁画与流行的说唱音乐相结合
- 画风新奇，充满创意，吸引用户的好奇心
- 着重展示活动为用户带来的美好生活，更加戳中用户"痛点"
- 饿了么外卖用户众多，自带大量的流量
- 为 H5 赋予新的精神内核，使其更有生命力

图 11-21　"这是什么神仙外卖"的成功原因

11.2.5　建发房产：湖悦江南，重构山水东方

在进行 H5 页面视觉设计的时候，制作者并不一定需要让自己的 H5 页面酷炫夸张，也可以运用简约的设计，让 H5 页面呈现舒适的视觉效果。

"湖悦江南，重构山水东方"是建发房产为宣传其新楼盘而制作的 H5 页面，整体画面简约，低饱和度的色彩搭配，中国风的水墨画面元素与轻量级的互动方式，使 H5 为用户带来美的视觉享受，如图 11-22 所示。

图 11-22　"湖悦江南，重构山水东方"的 H5 页面

"湖悦江南，重构山水东方"的 H5 页面有大量的留白，水墨画的元素更增添其优雅复古的氛围，让用户在看到 H5 页面的同时，能联想到新楼盘的建筑风格，以及建发房地产集团有限公司的企业文化。

"湖悦江南，重构山水东方"H5 页面取得成功的原因主要有以下 3 点，如图 11-23 所示。

"湖悦江南，重构山水东方" →	简约的 H5 页面带给用户舒适的观看阅读体验
	水墨画风使 H5 页面更具复古优雅美感
	轻量级的互动方式使画面更加流畅自然

图 11-23　"湖悦江南，重构山水东方"H5 的成功原因

第 12 章

H5 场景案例：全新视角的全新思维

学前提示

　　H5 的应用场景非常广泛，不仅可以满足企业的各种商业推广需求，而且对于个人用户的生活也具有一定的帮助，同时还可以为企业以及自媒体的线上、线下引流提供"一站式"服务，让再小的品牌，也有自己的场景。

要点提示

- 商业场景案例：现象级的刷屏事件
- 生活场景案例：个性化记录生活的美好

12.1 商业场景案例：现象级的刷屏事件

H5 凭借其互动的实时性、展现方式的多样性以及页面活动的丰富性，在现阶段的营销推广中发挥了重要的作用，收到惊人的传播效果。如今，不少现象级的刷屏事件就是出自 H5 页面，这也使我们更加坚信，不仅是现在，未来的 H5 也会是商业传播的重要媒介。

12.1.1 企业招聘：同学，还在等什么？快上车

H5 在企业招聘中发挥重要的作用，通过 H5 页面，能够帮助企业全面、详细地发布招聘信息，免除了张贴大幅海报的麻烦。

百度推出的校园招聘"同学，还在等什么？快上车！"H5 页面，用户可以在其中自己动手制作（do it yourself，DIY）专属于自己的个性简历并进行投递，如图 12-1 所示。

图 12-1   "同学，还在等什么？快上车！"H5 页面

打开"同学，还在等什么？快上车！"H5 页面，屏幕中会出现像素风的画面，用户选择性别、输入昵称后即可进入个性简历背景选择界面，选择合适的背景后，进入"我的入职态度"界面，进行"我的表情""我的服饰""我的发型""我的饰品""我的标签"这 5 项设置之后，即可生成用户的专属海报。

用户点击"投递简历"按钮，即可进入招聘界面，"同学，还在等什么？快上车！"H5 会引导用户投递简历和邀请好友一起来投递简历。

不同于千篇一律的招聘会海报，百度的这个"同学，还在等什么？快上

车！"H5 页面十分具有创意，整体采用像素风的画面设计，运用活泼、大胆的配色，用户可以自由选择"我的入职态度"，这样的界面更符合大学生年轻化的心态。

"同学，还在等什么？快上车！"H5 取得成功的原因可以归纳总结为以下 5 点，如图 12-2 所示。

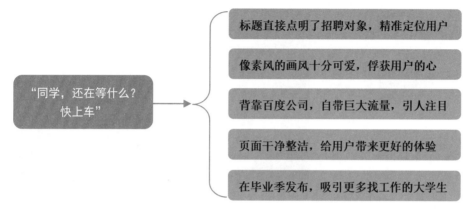

"同学，还在等什么？快上车"

- 标题直接点明了招聘对象，精准定位用户
- 像素风的画风十分可爱，俘获用户的心
- 背靠百度公司，自带巨大流量，引人注目
- 页面干净整洁，给用户带来更好的体验
- 在毕业季发布，吸引更多找工作的大学生

图 12-2 "同学，还在等什么？快上车！"的成功原因

"同学，还在等什么？快上车！"的 H5 页面中，在许多画面细节中巧妙地插入百度的产品，如百度大厦、Apollo 汽车等，让用户在浏览 H5 时对百度的产品有一个大致的了解，潜移默化地为企业产品做出宣传。

专家提醒

这个案例也告诉 H5 页面的制作者，在进行企业招聘时，不妨试试 H5 这一形式，并在 H5 的细节元素中对企业的产品及其形象进行宣传，让用户对企业有一个更深的认识，从而快速达到招贤纳士的目的。

12.1.2 活动预热：生活与你 一起升级

H5 还有一个显著的功能，那就是为活动提前预热。通过 H5 页面的宣传，可以很好地激发用户的好奇心，为即将进行的活动吸引更多的用户，从而带来更多流量，保障活动顺利进行。

"生活与你 一起升级"是华为 HONOR life 基于其新品发布会的"生活与你 一起升级"主题推出的宣传类 H5 页面。"生活与你 一起升级"采用画中画和"一镜到底"的技术，为用户解锁 3 种使用产品的不同生活场景，全面展示产品的优势，并很好地为企业的新品发布会做了预热，如图 12-3 所示。

图 12-3　"生活与你 一起升级"的 H5 页面

　　用户打开"生活与你 一起升级"的 H5 页面，屏幕中会出现 3 款产品，横向滑动屏幕即可选择自己感兴趣的产品，通过画中画与"一镜到底"的模式，为用户展示新产品、让人们的生活变得多姿多彩。

　　因此，"生活与你 一起升级"H5 能够取得成功的原因可以归纳为以下 4 点，如图 12-4 所示。

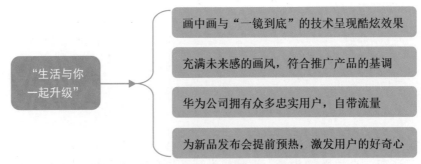

图 12-4　"生活与你 一起升级"的成功原因

　　华为 HONOR life 的新品发布会不仅使用 H5 页面进行活动预热，还在多家媒体官宣，"将生活的憧憬——变为现实""生活与你 一起升级"这两个主题口号更是激发了社会大众的好奇心，使得新品发布会取得了空前成功。

　　因此，企业或者个人在举行活动之前，可以采用 H5 的形式为之进行预热，最好可以与线上、线下其他的宣传方式相结合，最大限度地将活动宣传出去，为即将举办的活动烘托气氛。

12.1.3　活动报名：在大唐，看未来

当一个企业为自己即将举办的活动进行预热时，它最好可以组织一个活动报名，对当天前来参加活动的用户人数有一个大概的估算，从而更好地筹办活动，保障活动顺利举办。

联想的"在大唐，看未来"H5 页面就是报名类的 H5 作品，通过唐代人物的生活故事来展示联想的产品，引导用户在页面中报名参加企业的品牌宣传活动，从而为活动造势，吸引了更多用户参与活动，如图 12-5 所示。

图 12-5　"在大唐，看未来"H5 页面

打开"在大唐，看未来"H5 页面，可以看到李白拿着手机在发消息，只需长按手机屏幕，用户即可跟随画面中的白鹤浏览盛世大唐，看手持 VR 一体机的侍郎骑马，戴着 VR 眼镜的贵妃起舞，玄奘把经书存进联想云端，皇帝用联想电脑浏览奏折。

"在大唐，看未来"H5 页面中华丽的色彩与宫廷风满满的背景音乐十分吸引

用户，让用户在看到、听到的时候就仿佛置身盛世大唐，并且，在大唐的画面中还有一些现代的建筑作为背景，传统与现代的冲突更能吸引用户眼球，凸显联想品牌宣传活动的科技感。

"在大唐，看未来"H5 页面可供 H5 页面的制作者借鉴的成功经验有以下 4 点，如图 12-6 所示。

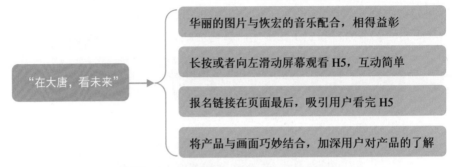

图 12-6　"在大唐，看未来"的成功经验

专家提醒

此外，制作者还需要注意，在进行活动报名设置的时候，如果没有特殊需要，切忌把报名流程设置得过于烦琐，这样不仅会浪费用户的宝贵时间，还会有部分用户对产品、活动甚至是企业产生不满情绪。

12.1.4　活动邀请函：关于未来空间的新物种集会即将启幕，等你来玩

进行活动预热，还有一种很好的方法就是向用户发放活动邀请函。当然，这里的邀请函是指 H5 页面的邀请函，在 H5 页面中展示活动的详细信息，结尾处留下报名方式，吸引更多对此感兴趣的用户。

与上面小节讲的"活动报名"类似，活动邀请函也是活动进行预热并提供报名通道的。不同的是，活动邀请函并不会遮遮掩掩，也不会对用户保留神秘感，而是直接将活动内容、流程、时间、地点安排等信息详细地告知用户，让对活动有兴趣的用户可以对其有一个大致的了解，从而决定是否购票参与活动，或者决定是否下单购买产品，而且活动邀请函更有仪式感。

杭州群核信息技术有限公司为了推广 2020 年全空间数字化生态大会，制作推出了一个名为"关于未来空间的新物种集会即将启幕,等你来玩！"的 H5 页面。其介绍了这次大会的活动流程，吸引了不少志同道合的用户，提前让他们对大会

有了初步了解，如图 12-7 所示。

图 12-7 "关于未来空间的新物种集会即将启幕，等你来玩！"H5 页面

"关于未来空间的新物种集会即将启幕，等你来玩！"的 H5 页面十分酷炫，整体使用黑色作主色调，并以银色来点缀，给用户带来"酷＋"的视觉效果。在邀请函中，将大会方方面面的内容展现得十分详细，如图 12-8 所示。

图 12-8 "关于未来空间的新物种集会即将启幕，等你来玩！"活动流程

可以看到，邀请函的内容涵盖大会的方方面面，十分清楚、详细，这样做有一个好处，就是更加精准、明确地定位用户——对大会内容感兴趣的用户，从而保障与会人员的集中性。

那么，"关于未来空间的新物种集会即将启幕，等你来玩！"给 H5 的制作者与运营者带来的经验借鉴有如下两点，如图 12-9 所示。

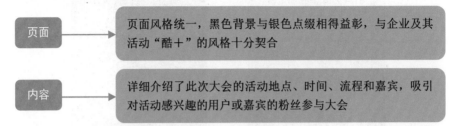

| 页面 | 页面风格统一，黑色背景与银色点缀相得益彰，与企业及其活动"酷＋"的风格十分契合 |
| 内容 | 详细介绍了此次大会的活动地点、时间、流程和嘉宾，吸引对活动感兴趣的用户或嘉宾的粉丝参与大会 |

图 12-9　"关于未来空间的新物种集会即将启幕，等你来玩！"的经验借鉴

因此，H5 页面的制作者在制作 H5 的时候，要时刻注意页面风格、页面与音乐、页面与活动产品等相统一；运营者则需要认真、细致地统筹好活动的方方面面，保障活动顺利进行。

12.1.5　微商引流：惊！职场打工人扬眉吐气的终极秘诀竟是

众所周知，H5 除了推广功能，还有一个重要功能，就是为企业或者产品引流，实现流量的变现，达到高流量与高转化率的统一。

"惊！职场打工人扬眉吐气的终极秘诀竟是？"是众引传媒为自身微商城进行引流而推出的一个 H5 作品。在 H5 中，用户写出自己面临职场困境时的解决方法，或者点击链接进入微商城购买《参考答案》，如图 12-10 所示。

"惊！职场打工人扬眉吐气的终极秘诀竟是？"的 H5 页面采用黑白漫画的形式，描绘了职场"打工人"面对老板临时变卦、同事借钱不还的困境，以及主角借助《参考答案》勇敢"怼"回去的故事。

"惊！职场打工人扬眉吐气的终极秘诀竟是？"H5 页面可供 H5 页面的制作者借鉴的成功经验总结为 4 点，如图 12-11 所示。

专家提醒

　　因此，在利用 H5 进行微商引流的时候，制作者或运营者要在 H5 页面中强调自己的产品。

　　比如，在"惊！职场打工人扬眉吐气的终极秘诀竟是？"H5 页面中，产品《参考答案》就是彩色的，与黑白漫画主体相区分。并且将产品作为引导主角反击不公正待遇的制胜宝典，更是加深了用户对《参考答案》的了解。

图 12-10 "惊！职场打工人扬眉吐气的终极秘诀竟是？"H5 及微商城页面

```
惊！职场打工人扬眉吐气          搞怪夸张的黑白漫画，更加吸引用户眼球
的终极秘诀竟是？
                           与用户息息相关的职场故事，增加代入感

                           H5 末尾附上微商城链接，实现引流

                           将产品作为反击制胜宝典，加深用户了解
```

图 12-11 "惊！职场打工人扬眉吐气的终极秘诀竟是？"的成功经验

12.2 生活场景案例：个性化记录生活的美好

除了将 H5 作为引流推广的工具应用于商业场景之外，H5 的制作者也可以将其应用于婚礼、表白、个人名片、节日贺卡、生日聚会、开学季、毕业季、相册、简历等生活类的场景，更好、更个性化地展现 H5 的内容。

12.2.1 纪念相册：青春纪念册

如今，各大 H5 制作平台都会为制作者提供各种各样的 H5 模板。制作者只要选择自己喜欢的 H5 模板，将其中的图片替换成自己需要的，就可制作出所需的 H5 页面。

通过 H5 制作平台的模板，制作者可以根据自身需要迅速地制作出合适的 H5 作品，简单、方便、快捷，制作者还可以保存二维码或者链接，随时扫码或者点击链接进行查看，或者将 H5 分享给好友。

"青春纪念册"是 MAKA 平台的一个纪念相册模板，采用手绘漫画与照片相结合的方式，充满了青春气息，如图 12-12 所示。

图 12-12　MAKA 平台的"青春纪念册"模板

专家提醒

需要注意的是，在 MAKA 编辑器，制作者并不能直接使用贵宾（very important person，VIP）模板，需要花钱购买，并且制作者在使用 H5 模板进行编辑的时候，会出现全屏水印，需要升级为 VIP 才能去除。

此外，在 MAKA 编辑器的 H5 编辑页面中，H5 页面上的两条虚线中间的范围是指在用户手机屏幕中能显示出来的画面范围，超出范围的则不显示，制作者需要时刻注意不要将重要内容放在虚线以外。

12.2.2　个人简历：毕业生求职简历

现在，H5 简历也是一种十分流行的简历，可以更加直观地展现求职者的个人能力与作品，还能运用各种方法体现自己的职业规划。

"毕业生求职简历"是人人秀编辑器为广大求职者准备的一个免费个人简历 H5 模板，制作者可以根据模板提供的板块，完善自己的个人信息，还可以更换背景图片，使 H5 更符合求职者的风格，如图 12-13 所示。

与 MAKA 编辑器不同，人人秀编辑器提供的模板，除了明确标出来需要付费使用的之外，其他模板都能供制作者免费使用，并且页面中没有大面积水印，能够满足制作者对 H5 页面的基本要求。

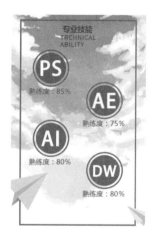

图 12-13　"毕业生求职简历"模板

12.2.3　结婚请柬：清新简约手绘婚礼邀请函

"清新简约手绘婚礼邀请函"是人人秀平台为制作者提供的一个结婚请柬类模板，在这个 H5 模板中，展示了结婚的时间、主角、地点等，末页则是一个报名单，能够收集婚礼来宾的姓名、电话与祝福，如图 12-14 所示。

图 12-14　"清新简约手绘婚礼邀请函"模板

不仅如此，在"清新简约手绘婚礼邀请函"H5 页面中，还嵌入了一个地图插件。制作者在插件中定位好婚礼地址，以帮助参加婚礼的来宾迅速找到婚礼地点，保障婚礼顺利举行，如图 12-15 所示。

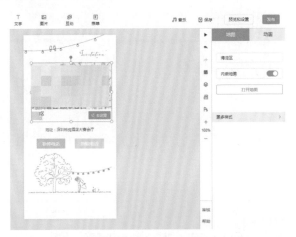

图 12-15 "清新简约手绘婚礼邀请函"中的地图插件

此外，在"清新简约手绘婚礼邀请函"H5 页面中，还有新娘、新郎的照片墙，制作者将模板中的照片替换为此次婚礼新娘、新郎的照片，还可以为照片添加边框，展现两位新人的甜蜜爱情，从而让参加婚 礼的来宾对婚礼充满期待，如图 12-16 所示。

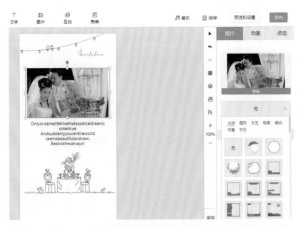

图 12-16 "清新简约手绘婚礼邀请函"中的照片墙

12.2.4 节日贺卡：双语包粽子

"双语包粽子"是咪咕灵犀推出的一个 H5 互动小游戏类节日贺卡作品，在端午节的 H5 页面中，用户根据页面提示选择馅儿料、浸泡糯米、清洗粽叶、包粽子，从而既向用户展现咪咕灵犀的双语翻译产品实力，又为用户送上了端午的祝福，如图 12-17 所示。

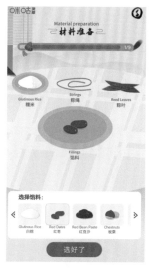

图 12-17　"双语包粽子" H5 页面

"双语包粽子"采用手绘插画的形式，画面活泼，吸引了许多用户关注。此外，在人人秀平台上，也有许多节日贺卡类的 H5 模板供用户选择，帮助制作者制作精美的节日贺卡。图 12-18 所示为人人秀平台上的 H5 节日贺卡模板。

图 12-18　H5 节日贺卡模板

逢年过节的时候，制作者给自己的亲朋好友，企业给自己的用户送上真挚的祝福，对于个人来说，可以很好地联络亲友之间的感情；对于企业来说，既可以增强用户对企业的黏性，又可以将企业形象、产品、文化等宣传出去。

12.2.5 情侣表白：你有一封情书待开

如何开口向心仪的人表白，是困扰许多单身人士的问题，此时，不妨制作一个 H5 表白页，将其发送给心仪的人，这样可以很好地解决用户"爱你在心口难开"的问题。与传统的表白方式不同，H5 表白可以更加全面、详细地展示自己想说的话，使得表白尽显高端大气，更有创意。

图 12-19 所示为人人秀平台提供的一个名为"你有一封情书待开启"的情侣表白 H5 模板。这一模板通过图文内容展示用户恋爱的心路历程，并配上想对对方说的情话，传达出浓浓的爱意。

图 12-19 "你有一封情书待开启"H5 模板

当然，对于表白的话语、照片以及视频等内容，制作者可以并不局限于 H5 模板提供的素材，可以将其替换成自己的真实心路历程，增强表白内容的丰富性与浪漫性，从而大大提高自己的表白成功概率。

如果想要对 H5 模板中的素材进行替换，制作者只需单击相应的素材，人人秀编辑器的右侧就会出现该素材的设置界面。此时，制作者只需根据自己的需要，对素材的图片进行替换，文字内容进行重新编辑，动画效果进行设置等，即可生成一个全新的 H5 页面，如图 12-20 所示。

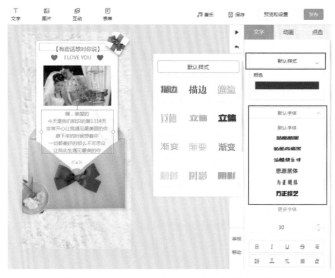

图 12-20　对 H5 模板中的素材进行设置

12.2.6　店铺开业：盛大开业活动邀请函

利用 H5 传播自己的开业信息对店铺来说是一种不错的手段，能够在短时间内扩大店铺知名度，吸引更多的消费者。

图 12-21 所示为人人秀平台的"盛大开业活动邀请函"H5 模板。

图 12-21　"盛大开业活动邀请函"H5 模板

值得注意的是，在店铺的开业邀请函中，制作者要将店铺的信息完整、无误地展示出来，包括但不限于地址、特色、优惠活动、招牌特色等，只有让用户对店铺有一个清晰的认识，他们才能决定是否前来消费。

在印力汇德隆杭州奥体印象城即将开业的时候，印象城与汇德隆联合推出了一个店铺开业的 H5 页面，采用手绘的方式向用户展现店铺建设中以及建设完成后的多种场景，并展示了汇德隆融入日常生活后为人们带来的多彩生活，如图 12-22 所示。

图 12-22　店铺开业的 H5 页面

在店铺开业的 H5 页面中，企业并没有着重向用户介绍店铺开业的优惠活动，而是展示店铺建设中以及建设完成后的对比，来告知用户印象城能为他们带来的美好体验。

12.2.7　公益活动：二十四节气——惊蛰

除了前文所述外，人人秀平台还为制作者提供一些传统节气或者各种公益活动的 H5 宣传模板。图 12-23 所示为人人秀提供的"二十四节气——惊蛰"节气 H5 宣传模板。

图 12-23　"二十四节气——惊蛰"节气 H5 宣传模板

　　在"二十四节气——惊蛰"的 H5 页面中，企业通过宣传传统节气、公益活动等，向用户展现自己强烈的社会责任感与使命感，从而赢得用户好感，弘扬正能量。